CÉRÉMONIAL

DE L'ENTRÉE DES POSTULANTES,

DES

VÊTURES ET PROFESSIONS,

ET

DU RENOUVELLEMENT DES VŒUX;

POUR LES RELIGIEUSES DE SAINTE-AURE,

ADORATRICES PERPÉTUELLES

DU SACRÉ CŒUR DE JÉSUS.

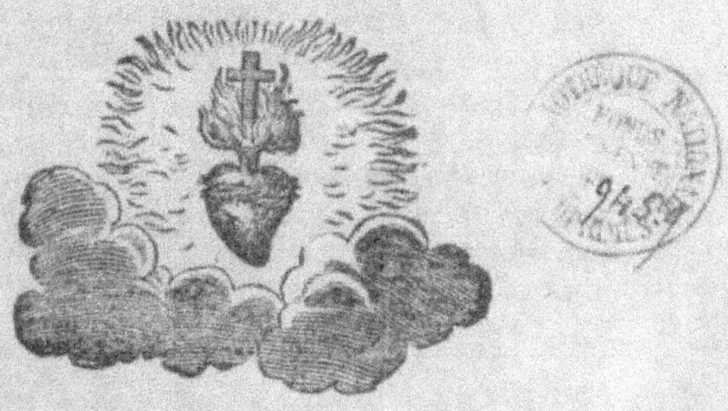

A PARIS,

De l'Imprimerie de Cl. SIMON, Imprimeur Libraire
de Monseigneur l'Archevêque de Paris,
rue Saint-Jacques, près S. Yves.

M. DCC. LXXXII.

CÉRÉMONIE

DE

L'ENTRÉE DES POSTULANTES.

LORSQUE les Supérieurs & le Discrétoire auront déterminé & fixé le jour de l'Entrée d'une Postulante, elle sera présentée par M. le Supérieur (*ou M. le Confesseur,*) & la Communauté viendra processionnellement la recevoir comme il suit.

Ordre de la Cérémonie.

LA POSTULANTE étant arivée, on sonnera l'Assemblée générale de la Communauté, & toutes se rendront dans l'avant-Chœur, elles y adoreront le Très-Saint Sacrement, ensuite les Professes prendront leurs manteaux, la Porte-Croix & les Acolytes prendront la Croix & les Chandeliers : & lorsque la Mere Supérieure aura donné le signal, on sortira dans l'ordre suivant :

La Porte-Croix & les Acolytes, marchent les premieres, elles sont suivies des Postulantes, des Sœurs-Novices, & des Sœurs-Professes, qui toutes rangées sur deux lignes, éloignées l'une de l'autre environ de deux pas, s'avancent posément, (*la Maîtresse des Cérémonies dirige la marche.*) vers la porte Conventuelle. La Porte-Croix & les Acolytes s'arrêtent à une distance suffisante. Les Postulantes se placent près des Acolytes, & toutes les Sœurs de fuite, suivant leur rang de profession ; de sorte que la Mere Supérieure doit se trouver proche la porte du côté droit, & la Mere Assistante de même, du côté gauche.

A ce moment M. le Supérieur frappe à la porte, & lorsqu'elle est ouverte, (*la Postulante se met à genoux, pour recevoir la Bénédiction de M. le Supérieur, &c. Cette Bénédiction se demande pareillement à M. le Confesseur ou autre Ecclésiastique qui la présentera.*) il présente la Postulante à la Mere Supérieure, en lui disant :

» Voici, notre chere Fille, une jeune Vierge
» qui soupire après la Solitude, & que je remets
» entre vos mains : C'est JESUS-CHRIST même
» qui vous la confie, & il vous en demandera
» compte ; formez-en une Adoratrice perpétuelle
» de son divin Cœur.

Aussi-tôt la Mere Supérieure prenant la Postulante par la main, la fait entrer, & la place près d'elle tournée vers le Célébrant, auquel elle répond par ces mots :

» Si notre céleste & divin Epoux nous confie
» cette Vierge qu'il aime jusqu'au point de la
» choisir pour son Epouse & son Adoratrice per-
» pétuelle ; pour assurer son bonheur, nous la
» remettons entre les bras de sa Miséricorde, pour
» qu'il daigne achever ce qu'il commence aujour-
» d'hui en sa faveur ».

A cet instant la Maîtresse des Novices présente un Crucifix à la Mere Supérieure, qui ensuite le donne à la Postulante, & le lui fait baiser, puis elles saluent ensemble le Célébrant ; toutes les Sœurs en font de même par une inclination grave : aussi-tôt les Choristes entonnent le Ps. *Lætatus sum in his*, &c. Les Chœurs le continuent alternativement, & la Procession retourne au Chœur.

La Supérieure ferme la Procession, ayant la Postulante à sa droite.

PSEAUME 121.

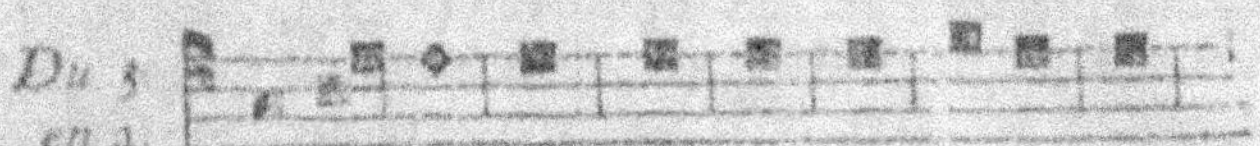

LÆ-ta-tus sum in his quæ dicta sunt

mihi : * in domum Domi-ni i-bi-mus.

STANTES erant pedes noſtri, * in átriis tuis, Jerúſalem.

JERUSALEM quæ ædificátur ut civitas, * cujus participátio ejus in idipſum.

ILLUC enim aſcendérunt tribus tribus Dómini, * teſtimónium Iſrael, ad confitendum nómini Dómini.

QUIA illic ſedérunt ſedes in judicio, * ſedes ſuper domum David.

ROGATE quæ ad pacem ſunt Jeruſalem : * & abundántia diligéntibus te.

FIAT pax in virtúte tuâ, * & abundántia in túrribus tuis.

PROPTER fratres meos & próximos meos ; * loquébar pacem de te.

PROPTER domum Dómini Dei noſtri, * quæſivi bona tibi.

(Pendant tout le tems de l'entrée au Chœur, les Sœurs ſont debout en face, elles s'inclinent au Gloria Patri du Pſeaume, & ſe mettent à genoux pour le Veni, creator.)

L'entrée du Chœur ſe fait en cette maniere :

La Porte-Croix & les Acolytes s'avancent au-deſſous du Pupitre, & y reſtent ſans faire d'inclination : toutes les autres Sœurs font deux à deux une inclination profonde au Saint-Sacrement ; elles ſe partagent enſuite, l'une à droite & l'autre à gauche, & vont prendre leur place dans les ſtalles. L'Aſſiſtante en fait de même, aprés avoir fait seule son inclination. Enfin la Mere Supérieure & la Postulante entrent les dernieres ; elles saluent le Saint-Sacrement dès l'entrée du chœur ; la Postulante s'y met à genoux , & la Supérieure se met à sa stalle. Aussi-tôt les deux Choristes entonnent le *Veni, creator,* que les Chœurs & l'Orgue continuent alternativement.

HYMNE.

Du 3.
en G.

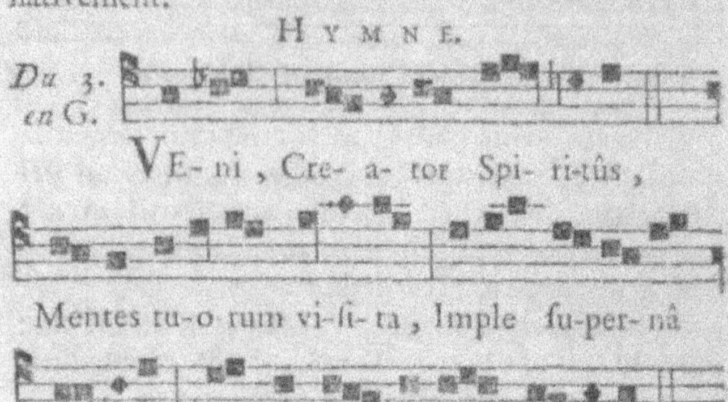

QUI Paraclétus díceris,	tínus ,
Donum Dei altíssimi ,	Ductóre sic te prævio,
Fons vivus, ignis cáritas,	Vitémus omne nóxium.
Et spiritális únctio.	PER te sciámus da Pa-
TU septiformis mú-	trem ,
nere ,	Noscámus atque Fí-
Dextræ Dei tu dígitus ,	lium :
Tu ritè promissū Patris,	Te utriusque Spíritum,
Sermóne ditans gúttura.	Credámus omni tém-
ACCENDE lumen sén-	pore.
sibus,	SIT laus Patri ; laus
Infunde amórē córdibus,	Fílio :
Infirma nostri córporis,	Par sit tibi laus, Spíritus,
Virtúte firmans pérpeti.	Afflante quo mentes sa-
HOSTEM repellas lón-	cris ,
giùs,	Lucent & ardent igni-
Pacemque dones pró-	bus. Amen.

Les Sœurs Versic. ℣. Emitte Spíritum tuum &
creabuntur :

Le Chœur. ℟. Et renovábis fáciem terræ.

Orémus.

DEus, qui corda fidélium , sancti Spíritûs illustratióne docuisti : da nobis in eódem spíritu recta
sápere , & de ejus semper consolatióne gaudére.
Per Christum Dóminum nostrum. ℟. Amen.

La Mere Supérieure ayant fini l'Oraison , on sort du
Chœur dans le même ordre qu'on y est entré. La Procession se rend à l'Oratoire de la Sainte Vierge. Les
Sœurs en y arrivant se tournent en chœur , & elles
saluent par une inclination grave la Mere Supérieure
& la Postulante , lorsqu'elles passent pour aller se
mettre à genoux près l'Oratoire. Dans le même
instant toutes se mettent aussi à genoux , & les
Choristes entonnent la Strophe suivante , qu'on
chante trois fois.

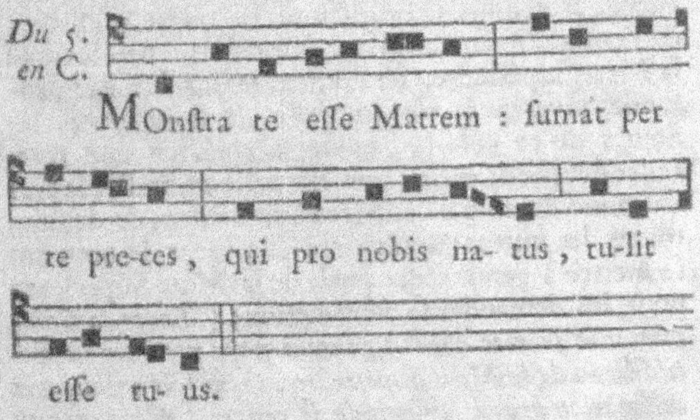

Les Sœurs Versic. ℣. Ora pro nobis , sancta Dei
génitrix.

Les Chœurs. ℟. Ut digni efficiámur promissiónibus Christi.

(La Mere Supérieure dit l'Oraison suivante :)
Orémus.

PRotege, Dómine, famulas tuas subsidiis pacis, & Beátæ Mariæ semper Virginis patrociniis confidentes, à cunctis hóstibus & periculis redde secútas. Per Christum Dóminum nostrum. ℟. Amen.

L'Oraison finie, la Postulante récite à haute-voix, *l'Ave Maria.* Ensuite la Mere Supérieure la fait lever, & la remet à la Maîtresse des Novices, en disant à l'une & à l'autre, quelques mots d'édification ; puis elle va prendre sa place.

La Maîtresse aussi-tôt lui amène la Postulante, (*A ce moment elle lui ôte le Crucifix des mains.*) qui se met à genoux à ses pieds, & lui baise la main. La Supérieure la relève & l'embrasse en lui disant. » *Ma* » *chere Fille, je supplie le* SACRÉ CŒUR DE JÉSUS » *de vous donner sa Paix, & la persévérance.* » La Postulante lui fait une profonde révérence, & est conduite à la Mere Assistante : elle se met encore à genoux ; l'Assistante la relève aussi-tôt, & l'embrasse en lui disant les mêmes paroles que la Mere Supérieure. La Postulante lui fait une profonde révérence, & embrasse de suite toutes les Sœurs de ce côté-là, faisant à chacune une révérence devant & après : puis elle passe embrasser la plus ancienne du côté de la Mere Supérieure, & de suite toutes les autres ; après quoi elle vient de nouveau se mettre à genoux aux pieds de la Mere Supérieure pour lui demander sa Bénédiction ; (*Toute la Communauté se met aussi à genoux pour recevoir la Bénédiction de la Mere Supérieure, & lui fait ensuite une inclination grave, avant de se retirer.*) elle s'incline en la recevant, ensuite se leve & lui fait une profonde révérence.

A ce moment la Maîtresse lui rend son Crucifix, puis elle la conduit au Noviciat. Les Postulantes & Novices s'y rendent les premieres, & se rangent en chœur. La derniere Novice reste à la porte, & présente de l'Eau-bénite à sa Maîtresse & à la Postulante, lorsqu'elles entrent.

Dès qu'elles sont entrées, la Postulante se met à genoux, & la Maîtresse lui dit :

   » C'est ici, ma chere Fille, l'école des Vertus
» & de l'Adoration perpétuelle du CŒUR DE
» JÉSUS, où Dieu dans sa Miséricorde daigne
» vous recevoir ».

La Postulante répond : Qu'il en soit béni à jamais.

Ensuite elle baise la terre, puis elle se leve, & prend la place qui lui est destinée. La Maîtresse fait la lecture du 17 Chapitre du premier Livre de l'Imitation de Jésus. Cette lecture finie, la Postulante se met à genoux, demande la Bénédiction à sa Maîtresse, & en reçoit le baiser de paix.

Elle va ensuite au Secrétariat signer l'Acte Capitulaire de l'Adoration perpétuelle du Sacré Cœur de Jesus.

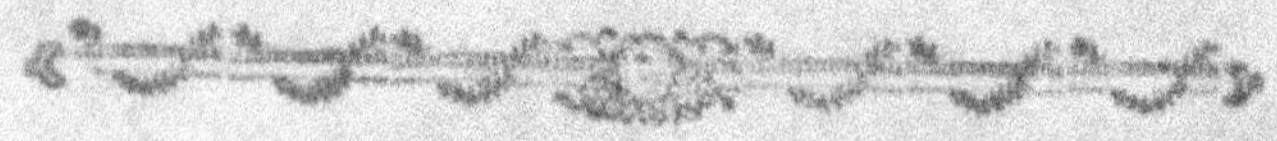

CÉRÉMONIE

DES VÊTURES.

LA veille d'une Cérémonie de Vêture, la Maîtresse des Novices, fera passer par la Sœur Sacristine le Linge & les petits Habits de la Postulante, pour les faire bénir par M. le Confesseur, ou M. le Chapelain. Cette Bénédiction se fait en la maniere suivante.

BÉNÉDICTION DES HABITS

Le Prêtre revêtu d'un Surplis & d'une Étole blanche, ayant auprès de lui un Cierge allumé, & de l'Eau-bénite, dit les Versets & Oraison suivants :

℣. Adjutórium † nostrum in nómine Dómini.
℟. Qui fecit cœlum & terram.
℣. Dóminus vobiscum, ℟. Et cum spiritu tuo.

Orémus.

OMnípotens Deus, qui es custos animárum, tutéla salútis, & fides credéntium : réspice propítius preces nostras & dignáre mundáre & bene † dícere, vestimenta famulæ tuæ (*ou* famulárum tuárum) ut his indúta (*ou* indútæ) véstibus contra spiritus immundi nequítiam protegátur (*ou* protegantur) mundaque (*ou* mundæque) ab ómnibus inquinamentis, cùm agno Vírginum sponso ambuláre & sedére mereátur (*ou* mereantur.) Per Christum Dóminum nostrum. Amen.

Le Prêtre jette de l'Eau-benite sur les habits.

LE jour de la Cérémonie, la Sœur Sacristine aura l'attention que le Sacristain prépare des siéges le long de la grille, pour le Célébrant & ses Assistants : & elle de son côté, mettra proche la même grille, une table ornée comme une crédence, pour y déposer les habits de Religion ; & deux chandeliers pour recevoir les cierges de la Postulante & de la Maîtresse des Novices : elle en placera aussi un troisieme à la stalle de la Mere-Supérieure, pendant le Sermon & les autres circonstances qui le requéreront : elle mettra aussi dans l'avant-Chœur, la Croix & les Chandeliers pour la Procession, & les Cierges pour la Communauté, lesquels seront tous égaux, excepté celui de la Postulante, (*elle le reçoit au Chœur de la main du Célébrant*) qui sera beaucoup plus grand.

Le jour de la Cérémonie de Prise-d'Habit, la Postulante avant la Messe Conventuelle, sera habillée en noir très-modestement ; elle y communiera immédiatement après la Mere-Supérieure.

La Cérémonie de Vêture se fera pour l'ordinaire l'après-midi, & pour cet effet, on avancera les Vêpres d'une demi-heure.

(S'il arrivoit qu'on la fît le matin, on chanteroit solemnellement la Messe du Saint-Esprit : & si c'étoit un Dimanche, ou Fête-double, on chanteroit la Messe du jour.)

A l'Hymne de Vêpres, on sonnera l'Assemblée générale de la Communauté, afin d'avertir celles qui n'auront pu assister à cet Office, de se rendre promptement dans l'avant-Chœur pour y prendre leurs manteaux : la Communauté s'y rendra aussi après Vêpres, & toutes prendront les cierges qui leur sont destinés : celles qui seront au côté droit de la Procession, porteront le cierge de la main droite ; & celles qui seront au côté gauche, le porte-

ront de la main gauche. (*Ils seront allumés pen-*
dant toute la Cérémonie, excepté pendant le Sermon.
Mais on n'éteindra point celui de la Postulante.)

Tout étant ainsi disposé, la Postulante se mettra
à genoux, pour demander la Bénédiction à la Mere-
Supérieure, qui donnera ensuite le signal pour l'entrée du Chœur : aussi-tôt les Sœurs-Choristes entonneront le Pseaume suivant :

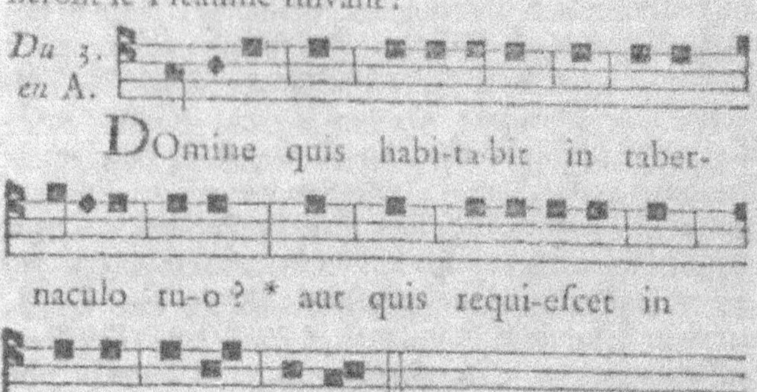

Qui ingréditur sine máculá , * & operátur justítiam ;

Qui lóquitur veritátem in corde suo, * qui non egit dolum in lingua sua.

Nec fecit próximo suo malum , * & oppróbrium non accépit adversùs próximos suos ;

Ad nihilum deductus est in conspectu ejus ma-lignus ; * timentes autem Dóminum glorifi-cat ;

Qui jurat próximo suo , & non décipit ; * qui pecúniam suam non dedit ad usúram , & múnera super innocentem non accépit.

Qui facit hæc , * non movébitur in æternum.

Gloria Patri &c.

Les Sœurs-Choristes ayant entonné le Pseaume
ci-dessus , on entrera processionellement au Chœur ,
dans l'ordre suivant :

La Porte-Croix & les Acolytes , entrent les premieres ; elles vont droit à la grille sans faire d'incli-

nation : au moment où la Maîtresse des Cérémonies leur fera signe de se retirer, (*elles iront dans l'avant-Chœur déposer la Croix & les Chandeliers, puis reviendront prendre leur place au Chœur*) deux Postulantes salueront immédiatement le Très-Saint-Sacrement, portant chacune une Corbeille ornée de fleurs; dans la premiere, il y aura un Voile plié, un Crucifix & une Couronne blanche : dans la seconde une Ceinture, un Chapelet, & un Scapulaire rouge; elles poseront les Corbeilles aux deux côtés du guichet de la grille, (*celle où est le voile, doit être du côté droit*) & après avoir fait une seconde révérence, elles iront prendre leur place. Elles sont suivies des autres Postulantes, des Sœurs-Novices, & Professes, rangées sur deux lignes dans l'ordre ordinaire & par rang d'ancienneté; elles font deux à deux une inclination profonde, ensuite elles se partagent l'une à droite, & l'autre à gauche en se tournant le dos, & vont prendre leur place, (*pendant tout le tems de l'entrée au Chœur, les Sœurs sont debout en face, & elles s'inclinent au* Gloria Patri. *du Pseaume.*) en commençant par les bas siéges, afin que les plus anciennes soient les plus proches de la stalle de la Mere-Supérieure. La Mere-Assistante entre seule, & après avoir fait une inclination profonde au Très-Saint Sacrement, elle va se rendre à sa stalle.

Enfin, la Mere-Supérieure, & la Maîtresse des Novices, conduisant la Postulante, ferment la Procession : elles n'entrent cependant qu'après le *Gloria Patri* du Pseaume, & à leur entrée l'Organiste touche une petite piéce.

Dès l'entrée du Chœur, elles font ensemble une inclination grave, (*la Postulante fait une profonde révérence ; à ce moment, les deux Chœurs les saluent par une inclination grave.*) & lorsqu'elles font vers le milieu, elles en font une profonde au Très-Saint Sacrement, & la Postulante se met à genoux ; la Mere-Supérieure va prendre sa place à sa stalle, & la Maîtresse se range à la sienne selon son rang de profession ; aussi-tôt tout le Chœur se met à genoux pour le *Veni*, *Creator*, & la strophe, *Monstra te esse Matrem.*

A cet instant l'Orgue cesse, & le Célébrant en Chape blanche, entonne au pied de l'Autel l'Hymne *Veni*, *Creator.* que les Chœurs & l'Orgue continuent alternativement. On chante de même par trois fois la Strophe *Monstra te esse Matrem.* ensuite le Célébrant chante les Versets & Oraisons suivants.

(Les Chœurs se tiennent debout tournés vers la grille, pendant les ℣ ℣. & Oraisons qui se rencontrent dans le cours de la Cérémonie. La Postulante reste à genoux.)

℣. Emitte Spiritum tuum & creabuntur :
℞. Et renovábis fáciem terræ.

℣. Ora pro ea (*ou* eis) sancta Dei génitrix,
℞. Ut digna efficiátur (*ou* dignæ efficiantur) promissiónibus Christi.

Orémus.

DEus, qui corda fidélium, sancti Spíritûs illustratióne docuisti : da nobis in eódem spíritu recta sápere, & de ejus semper consolatióne gaudére.

Orémus.

PRotege, Dómine, hanc fámulam tuam (*ou* has fámulas tuas) subsidiis pacis & beátæ Maríæ semper Vírginis patrociniis confidentem (*ou* confidentes) perpétuâ defensióne conserva. Per Christum.

Ces Oraisons finies, le Célébrant monte à l'Autel & bénit le Cierge de la Postulante en disant :

℣. Adjutórium † nostrum in nómine Dómini ;
℞. Qui fecit cœlum & terram.

℣. Dóminus vobiscum, ℞. Et cum spíritu tuo.

Orémus.

DOmine Jesu Christe Fili Dei vivi & lux vera
quæ mundum illúminat, bénedic céreum istum (*ou*
céreos istos) supplicatiónibus nostris : infúnde ei ,
(*ou eis ,*) Dómine, per virtútem sanctæ ✝ Crucis
benedictiónem cœlestem , ut quibuscumque locis
accensus seu pósitus fúerit (*ou* accensi seu pósiti fú-
erint) discédant príncipes tenebrárum , & fúgiant
habitatiónibus illis , nec præsúmant ámpliùs vexáre
serviéntes tibi ; qui vivis & regnas cùm Deo Patre
in unitáte Spíritus sancti Deus , per ómnia sécula
seculórum ℟. Amen.

*Le Célébrant asperge le Cierge , l'encense , & s'ap-
proche ensuite de la grille pour le présenter allumé à
la Postulante.*

[Pendant cette Oraison , la Maîtresse des Novices vient se placer au côté gauche de la Postulante ,
& après avoir fait avec elle une inclination profonde
(*la Postulante fait la révérence.*) au Saint-Sacrement; elle la conduit proche le guichet de la grille ,
alors la Postulante se met à genoux pour recevoir
son Cierge de la main du Célébrant.]

Le Célébrant , accompagné de ses Ministres , s'é-
tant approché de la grille , présente le Cierge à la
Postulante , (*elle doit baiser le bas du cierge , en le
recevant.*) en lui disant :

ACcipe , Filia caríssima , lumen corporále , in signum lúminis interióris , ad repellendas omnes
ténebras ignorántiæ, vel erróris , ut lúmine divínæ
sapiéntiæ illustráta terréna fastídiens in supernórum
desidérium toto cordis afféctu rapiáris ; Per Christum Dóminum nostrum. (*la Postulante répond*)
Amen.

Ensuite elle se leve , & fait avec sa Maîtresse
une inclination grave au Célébrant; & lorsqu'elle

est retournée à sa place, elle en fait une profonde au Très-Saint Sacrement; puis elle se met à genoux.

A ce moment, le Célébrant & ses Ministres s'asseoient près la grille, en face du Predicateur. (*Les deux Sacristines prennent aussi-tôt les cierges des Sœurs, en commençant, l'une par la Mere-Supérieure, & l'autre par la Mere-Assistante.*) Tout le Chœur s'asseoit aussi, excepté la Postulante qui reste à genoux pendant l'Exorde, & tenant son cierge. (*Pendant l'Ave Maria, la Mere-Maîtresse s'approche de la Postulante, pour lui ôter son cierge.*) Après *l'Ave Maria*, elle le rend à sa Maîtresse, en lui faisant une révérence, en ayant fait une auparavant au Très-Saint Sacrement. Elle s'asseoit ensuite pour le reste du Sermon, & observe de faire une inclination, lorsque M. le Predicateur lui adresse la parole, par ces mots : *Ma chere Sœur.*

(*Les deux Sacristines rendent aux Sœurs les cierges dans le même ordre qu'elles les ont retirés. Les Chœurs restent debout & en face, & la Postulante reste aussi debout.*)

Après le Sermon, la Maîtresse des Novices remet le cierge à la Postulante ; elle le reçoit en lui faisant une révérence : à ce moment les deux Choristes entonnent l'Antienne suivante, & les Chœurs la continuent ensemble.

tu----am, Et obli----vif---ce -re
popu-lum tu-um & domum Pa---tris
tu--i; Et concu---pif---cet Rex
de--co---rem tu--um; Et concu-pif-cet
Rex; Et con-cupif---cet Rex
deco----------rem tu-----um
Lentement.
Quo--ni---am ip-fe eft Do--mi-nus
De-us tu--us, quoni----am
ip-fe eft Do-------------mi-nus
De------------------us tu----us.

L'Antienne étant finie, la Postulante se met à genoux, & le Célébrant dit les Versets & Oraisons suivants :

(Les Chœurs se tournent vers la Grille.)

℣. Laudáte Dóminum omnes gentes

℟. Quóniam confirmáta est super eam (*ou eas*) misericórdia ejus.

℣. Os meum loquétur sapiéntiam,

℟. Et meditátio cordis mei prudéntiam.

Orémus.

OMnípotens sempiterne Deus, qui abundántia pietátis tuæ & mérita súpplicum excédis & vota ; effúnde super nos grátiam tuam, ut qui sacratíssimi Cordis Fílii tui memóriam ágimus, ejúsdem virtútes imitári & quas ipsi ínferunt peccatóres injúrias deflére mereámur. Per eumdem Christum Dóminum nostrum. ℟. Amen.

Orémus.

SPonsas tuas, Dómine, intercedénte beáto Augustíno Pontífice tuo., córpore & mente puríca, ut auxílio tuo adjútæ, nóxias delectatiónes devítent & sponso cum accénsis lampádibus occurréntes, ad cœléstes núptias introíre mereántur, qui vivis & regnas cum Deo Patre in unitáte Spíritûs sancti, Deus, per ómnia sécula seculórum. ℟. Amen.

Ces Oraisons finies, (*les Chœurs se mettent en face l'un de l'autre.*) la Mere-Supérieure & la Maîtresse viennent joindre la Postulante qui se leve ; elles font ensemble une inclination profonde au Très-Saint Sacrement, & s'approchent de la grille, où après avoir fait une inclination grave au Célébrant, la Postulante se met à genoux, & le Célébrant l'interroge comme il suit :

D. Ma Fille , que demandez-vous ? (*ou mes Filles &c. si elles sont deux , elles répondent l'une après l'autre.*)

R. Mon Pere , je demande la Miséricorde de Dieu, la Charité des Sœurs , & le saint Habit de Religion.

D. Est-ce de bonne volonté & de votre propre mouvement , que vous demandez le saint Habit de Religion ?

R. Oui , mon Pere.

Le Célébrant s'adressant à la Mere - Supérieure , lui demande :

D. Notre Mere , l'en jugez-vous digne ? (*ou les en jugez-vous dignes ?*

La Mere Supérieure répond :

R. Oui , mon Pere.

Aussi-tôt la Postulante fait une inclination simple à la Mere-Supérieure en se tournant vers elle ; puis elle s'incline profondément pour recevoir la Bénédiction , que le Célébrant lui donne en disant :

SUscipiat & benedicat te (*ou vos*) Deus omnipotens Pater †, & Filius & Spiritus sanctus.

La Postulante répond : Amen.

Ensuite elle se leve , & fait une révérence au Célébrant ; elle retourne à sa place , où elle en fait une seconde , puis elle chante le Motet suivant.

Seule , gravement.

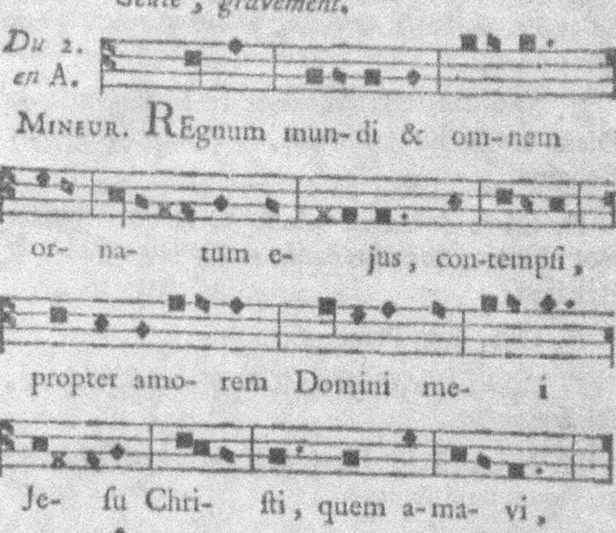

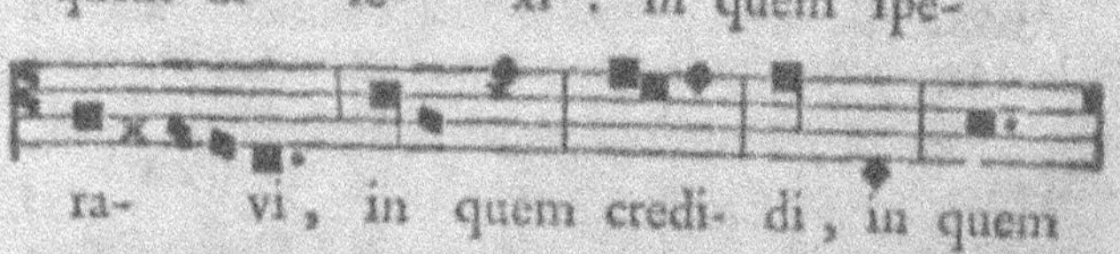

Le Motet fini, elle se met à genoux, & le Célébrant dit :

EXuat te, Dóminus, véterem hóminem cum áctibus suis. *La postulante répond :* Amen.

Ensuite elle se leve, elle fait une profonde révérence au Très-Saint Sacrement, & sort du Chœur

pour aller quitter les Habits du monde, & se revê-
tir de l'Habit de Religion. Elle sera conduite par la
Mére-Supérieure, & la Maîtresse des Novices.

Aussi-tôt deux Choristes entonnent le Pseaume,
*In exitu Israël (comme il est marqué après la Bé-
nédiction des Habits pag. 22.)* les Chœurs & l'Orgue
le continuent alternativement.

A ce moment, la Sœur Sacristine approche du
guichet de la grille la table sur laquelle sont les
Habits ; elle y met les deux Corbeilles, & le Célébrant bénit le tout en disant à voix basse :

*(Pendant la Bénédiction des Habits, les Sœurs sont
debout & en face de la grille, en continuant néanmoins
de chanter le Pseaume* In exitu*, & après la Bénédiction elles s'asseyent.*

℣. Adjutórium † nostrum in nómine Dómini.

℞. Qui fecit cœlum & terram.

℣. Osténde nobis, Dómine, misericórdiam
tuam.

℞. Et salutáre tuum da nobis.

℣. Dómine Deus virtútum converte nos ;

℞. Et osténde fáciem tuam & salvi érimus.

℣. Dómine, exaudi oratiónem meam ;

℞. Et clamor meus ad te véniat.

℣. Dóminus vobiscum ℞. Et cum spíritu tuo.

Orémus.

ÆTerne pater & omnipotens Deus qui unigénitum tuum mortalitátis nostræ togà indúere non de-
dignátus es, dignáre pro imménsâ tuâ bonitáte hæc-
ce vestimenta bene † dicere ut fámula tua quæ eis
usúra est (*ou* famulæ tuæ quæ eis usúræ sunt) Christum simul indúere mereátur. (*ou* mereantur) qui
tecum vivit & regnat Deus in sécula seculórum.

℞. Amen.

B 3

Orémus.

DOmine Jesu Christe , cujus est totum quod est óptimum : infunde cordi famulæ tuæ (*ou* córdibus famulárum tuárum*) mentem & sensus novos ut hæc sancta novitátis insignia gestans cógitet (*ou* gestantes cógitent) se véterem hóminem exuisse & te solum induisse Jesum Christum , qui vivis & regnas cum Deo Patre , in unitáte Spíritûs sancti Deus. Per ómnia sécula seculórum.   ℞ Amen.

Cette Bénédiction étant finie , le Célébrant & ses Assistants s'asseyent en face de la grille. Deux Postulantes (*elles doivent quitter leurs places dès le commencement de la Bénédiction des Habits , & s'approcher posément vers le millieu du Chœur ; elles font ensemble une premiere révérence , & lorsqu'elles sont proche la grille , elles en font une seconde,*) prennent la table & la portent où la Novice doit s'habiller ; elles doivent observer auparavant de remettre les deux Corbeilles sur le bord de la grille , & que celle où est le Voile soit sur la droite. La Sœur Sacristine aura soin d'y mettre aussi un petit plat d'argent qui doit servir pour présenter au Célébrant le Crucifix & la Couronne.

PSEAUME 113.

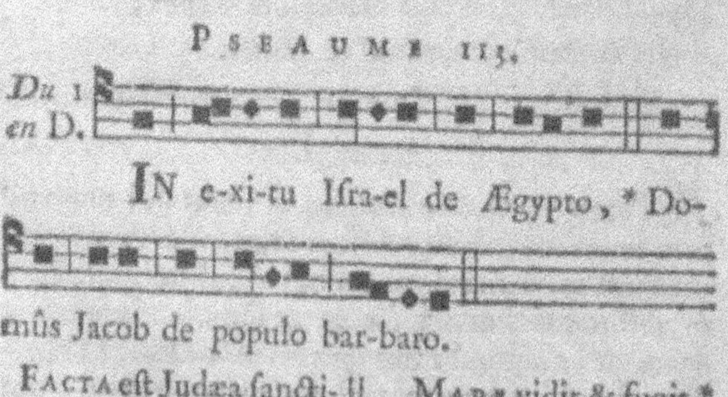

FACTA est Judæa sanctificátio ejus * Israel potestas ejus.

MARE vidit & fugit * Jordánis conversus est retrorsum.

MONTES exultavérunt ut aríetes, * & colles sicut agni óvium.

QUID est tibi, mare quod fugísti : * & tu, Jordánis quia convérsus est retrórsum?

MONTES exultástis sicut aríetes, * & colles sicut agni óvium.

A fácie Dómini mota est terra, * à fácie Dei Jacob,

QUI convértit petram in stagna aquárum, * & rupem in fontes aquárū.

NON nobis, Dómine, non nobis, * sed nómini tuo da glóriam super misericórdia tua & veritáte tua.

NEQUANDO dicant gentes ; * ubi est Deus eórum?

DEUS autem noster in cœlo : * ómnia quæcumque vóluit fecit.

SIMULACRA géntium argéntum & aurum, * ópera mánuum hóminum.

Os habent & non loquéntur : * óculos habent & non vidébunt.

AURES habent & non áudient : * nares habent & non odorábunt.

MANUS habent , & non palpábunt : pedes habent & non ambulábunt * non clamábunt in gútture suo.

SIMILES illis fiant qui fáciunt ea , * & omnes qui confídunt in eis.

DOMUS Israel sperávit in Dómino , * adjútor eórum & protéctor eórum est.

DOMUS Aaron sperávit in Dómino : * adjútor eórum & protéctor eórum est.

QUI timent Dóminum speravérunt in Dómino : * adjútor eórum & protéctor eórum est.

DOMINUS memor fuit nostri , * & benedíxit nobis.

BENEDIXIT dómui Israel : * benedíxit dómui Aaron.

BENEDIXIT ómnibus qui timent Dóminum * pusíllis cum majóribus.

ADJICIAT Dóminus super vos , * super vos , & super fílios vestros.

BENEDICTI vos à Dómino , * qui fecit cœlum & terram.

CŒLUM cœli Dómino, * terram autem dedit filiis hóminum.

NON mórtui laudabunt te, Dómine, * neque omnes qui descen-

dunt in infernum.

SED nos qui vívimus benedícimus Dómino, * ex hoc nunc & usque in séculum.

GLORIA Patri. &c.

Lorsque la nouvelle Novice paroît, la premiere Choriste entonne le Motet *Quæ est ista &c. comme ci-dessous.* & les Chœurs le continuent.

La Novice doit être revêtue de la Robe, de la Chaussure, de la Guimpe, & du petit Voile. Dès l'entrée du Chœur elle fait, avec la Mere-Supérieure & la Mere Maîtresse, une inclination grave, *(à cet instant les Chœurs y répondent par une semblable inclination, & restent debout en face jusqu'à ce que la Novice vienne se prosterner au milieu du Chœur.)* elles en font une profonde au Très-Saint Sacrement; ensuite la Mere-Supérieure retourne à sa stalle & la Novice reste debout jusqu'à la fin du Motet.

*A la fin du Motet, une jeune Demoiselle Pension-
naire quitte sa place, vient à la grille où elle fait une
profonde révérence, prend la Corbeille, salue de nouveau, & s'approche de la Novice pour l'accompagner
à la stalle de la Mere-Supérieure.*

Le Motet étant fini, la Novice fait avec sa Maîtresse une inclination profonde, puis elle se met à genoux, & le Célébrant la bénit en disant :

INduat te Dóminus novum hóminem, qui secundùm Deum creátus est in justitiâ & sanctitáte veritátis, in nómine Patris † & Fílii & Spíritûs sancti. *La Novice répond* Amen.

Ensuite elle se leve, & fait avec sa Maîtresse une inclination profonde : (*la Mere Maîtresse à ce moment ôte le Cierge à la Novice, & elle quitte aussi le sien.*) celle-ci la conduit à la stalle de la Mere-Supérieure ; elles lui font ensemble une inclination grave, puis la Novice se met à genoux pour recevoir d'elle la Ceinture & le Scapulaire, comme il suit :

La Maîtresse présente d'abord à la Mere-Supérieure la Ceinture dans laquelle doit être passé le Chapelet. La Supérieure fait baiser l'un & l'autre à la Novice ; & au moment qu'elle lui met la Ceinture, le Célébrant dit :

La Ceinture.

CUm esses júnior cingébas te & ambulábas ubi volébas : cum autem senúeris álius te cinget, in nómine Patris, † & Fílii & Spíritûs sancti.
℞. Amen.

La Maîtresse présente ensuite le Scapulaire (*à ce moment, la jeune Demoiselle fait une profonde révérence à la Mere-Supérieure, & reporte la Corbeille près la grille, en la maniere qu'elle l'a été chercher.*) à la Mere-Supérieure, qui en revêt la Novice, & le Célébrant dit :

Le Scapulaire.

UNde quâque te circumder cáritas sacratíssimi Cordis Jesu, te que prótegat & custódiat sanctíssima mater ejus. ℞. Amen.

La Novice ensuite se leve, & salue la Mere-Supérieure par une inclination grave, qu'elle fait avec sa Maîtresse, laquelle après se met à sa gauche. La Mere-Supérieure quittant sa stalle, vient se mettre à sa droite, (*au milieu du Chœur, elles font ensemble une inclination profonde au Saint Sacrement.*) & toutes deux la conduisent au Célébrant, pour recevoir de sa main le Crucifix, le grand Voile blanc, le Nom de Religion, &c. Lorsqu'elles sont près de la grille, elles font une inclination grave, & la Novice se met à genoux proche le guichet.

Alors la Mere-Supérieure présente le Crucifix au Célébrant, lequel ensuite le présente à la Novice en lui disant :

Le Crucifix.

» Voici, ma chere Fille, Jésus crucifié ; c'est lui » qui désormais sera votre Époux : lisez sans cesse » dans ses Plaïes, & sur-tout dans celle de son » Cœur, l'immense charité qui le porte à vous combler de ses bienfaits! ne mettez plus de bornes à » votre amour, puisqu'il n'en met aucunes à ses » bontés.

Ensuite il le lui fait baiser, & le lui passe au col en disant :

Accipe jugum Dómini, suáve est enim & onus ejus leve, in nómine Patris, † & Filii & Spíritûs sancti. ℞ Amen.

La Mere-Supérieure présente ensuite le Voile au Célébrant, il le fait baiser à la Novice, & en le lui mettant sur la tête il dit :

Le Voile blanc.

ACcipe Vœlum cándidum in signum internæ puritátis, ut sequáris agnum sine máculâ, & ámbules cum eo in albis cándidis in nómine Patris, † & Filii, & Spíritûs sancti. ℞. Amen.

*La Mere-Supérieure, & la Maîtresse, achevent
d'arranger le Voile comme il doit être.*

Le Célébrant lui adresse ensuite ces paroles :

» Votre sortie du siécle, ma chere Fille, & vo-
» tre entrée en religion, n'a pu vous être inspirée
» que par le Pere des Miséricordes & le Dieu de
» toutes bontés, qui a regardé favorablement la baf-
» fesse de sa Servante : il vous a appellée & choisie
» entre mille, pour vous mettre au nombre des
» Vierges, Adoratrices Perpétuelles du Divin Cœur
» de son cher Fils ; recevez avec la plus vive recon-
» noissance une grace si particuliere, & tâchez d'y
» répondre dignement ».

» N'ayez plus de goût que pour le Ciel ; oubliez
» le monde, & tout ce qui est du monde ; oubliez
» même le nom que vous y portiez ; celui que la Re-
» ligion vous donne aujourd'hui, vous dédommage
» bien glorieusement de celui que vous sacrifiez.
» Vous vous appellerez désormais Sœur ✱✱✱

*La Novice fait une inclination simple en recevant le
nom de Religion.*

La Mere-Supérieure présente ensuite la Couronne
au Célébrant, il la fait baiser à la Novice & la lui
met sur la tête. (*Aussi-tôt la Supérieure & la Maîtresse
la lui attachent.*) Dans ce même tems les Chœurs
chantent le Motet suivant :

La Couronne de fleurs.

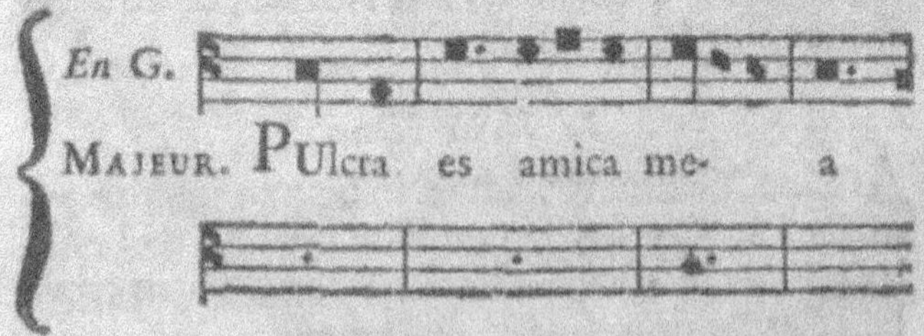

Remarques.

[Si elles font deux qui prennent l'Habit, l'on ne donne la Couronne à la premiere Novice qu'après que la feconde eft habillée. Pour cet effet, on obferve ce qui fuit:

Dès que la premiere Novice a reçu le nom de Religion, elle se leve & fait avec la Mere-Supérieure & la Mere Maîtresse une inclination grave au Célébrant. La Supérieure retourne à sa stalle, & la Maîtresse conduit la Novice au milieu du Chœur; là elle fait avec les deux Novices une inclination profonde, puis elle conduit la seconde Novice à la Mere-Supérieure pour recevoir la Ceinture & le Scapulaire, (*les Corbeilles doivent être portées par les jeunes Pensionnaires qui sont chargées de porter les Cierges.*) ensuite la Mere-Supérieure & la Mere Maîtresse la conduisent au Célébrant pour recevoir le Crucifix, le Voile, & le nom de Religion; (*dans toutes ces circonstances, le Célébrant répete les mêmes Prieres & on garde les mêmes Cérémonies qui ont été observées pour la premiere Novice.*) après qu'elle les a reçus, elle se leve & fait une inclination grave au Célébrant; à ce moment la premiere Novice en fait une profonde à sa place, & s'avance vers la grille pour recevoir la Couronne; dès qu'elle la reçue, elle fait une inclination grave au Célébrant, & l'autre en fait une profonde au Très-Saint Sacrement & s'avance pour recevoir la Couronne; après qu'elle est attachée elles font ensemble une inclination grave au Célébrant; elles retournent au milieu du Chœur où elles font une inclination profonde au Saint Sacrement; alors la Mere Supérieure retourne à sa stalle. (*si le Motet est fini*) Les deux Novices se prosternent pendant les Prieres que le Célébrant dit sur elles.]

Le Motet fini, la Novice (*ou les Novices*) se prosterne au milieu du Chœur pendant les Prieres suivantes:

Le Célébrant. Kyrie, eléïson.

Le Chœur. Christe, eléïson.

Kyrie, eléïson.

Pater noster. *tout bas.*

℣. Et ne nos indúcas in tentatiónem ;

℟. Sed líbera nos à malo.

℣. Fiat misericórdia tua, Dómine, super nos ;

℟. Quemádmodum sperávimus in te.

℣. Manda, Deus, virtúti tuæ

℟. Confirma hoc, Deus, quod operátus es in ea (*ou* in eis.)

℣. Salvam fac ancillam tuam (*ou* salvas fac ancillas tuas.)

℟. Deus meus sperantem (*ou* sperantes) in te,

℣. Esto ei (*ou* eis) turris fortitúdinis,

℟. A fácie inimíci.

℣. Nihil profíciat inimícus in ea (*ou* in eis).

℟. Et fílius iniquitátis non appónat nocére ei (*ou* eis).

℣. Dómine, exaudi oratiónem meam ;

℟. Et clamor meus ad te véniat.

℣. Dóminus vobíscum ; ℟. Et cum spíritu tuo.

Le Célébrant étend la main droite sur la Novice, jusqu'a la fin de l'Oraison.

Orémus.

DEus, cui cuncta bona placent & à quo cuncta bona procédunt, te súpplices exorámus per mérita Christi & beátæ Maríæ genitrícis ejus, ut huic fámulæ tuæ, (*ou* his famulábus tuis) concédere dignéris gratiárum tuárum abundántiam, ut castris Vírginum inserta (*ou* insertæ) militando, sánctæ novitátis stádium felíciter percurrens, (*ou* percurrentes) cum sponsábus fílii tui ætérnæ felicitátis præmium comprehéndere mereátur (*ou* mereantur.) Per eumdem Christum Dóminum nostrum. Amen.

Le Célébrant jette de l'Eau bénite sur la Novice, & dit :

BEnedíctio Dei omnipotentis Patris, † & Fílii, & Spíritûs sancti, descendat super te (*ou* vos) & máneat semper. ℟. Amen.

Aussi-tôt la Bénédiction donnée, une jeune Demoiselle Pensionnaire se rendra au milieu du Chœur près la Novice, fera une profonde révérence au Très-Saint Sacrement, & attendra que la Maîtresse ait remis le cierge à la Novice pour le recevoir de sa main & l'accompagner pendant le Baiser-de-Paix.

La Demoiselle Pensionnaire doit faire autant de révérences, que la Novice fait d'inclinations.

A ce moment les Sœurs Choristes entonnent le Pseaume *Dominus regit me*. Et tandis que les Chœurs & l'Orgue le continuent, la Novice est conduite pour recevoir le Baiser-de-Paix en la maniere expliquée ci-après le Pseaume.

Lorsque ce Pseaume est entonné, le Célébrant & ses Ministres sont libres de se retirer, ou de s'asseoir jusqu'à la fin de la Cérémonie.

SUPER aquam refectiónis educávit me : * ánimam meam convertit.

DEDUXIT me super sémitas justitiæ, * propter nomen suum.

NAM & si ambuláve-ro in médio umbræ mortis, non timébo mala * quóniam tu mecum es.

VIRGA tua, & báculus tuus, * ipsa me consoláta sunt.

PARASTI in conspectu meo mensam, * adversus

vérfus eos qui tríbulant me. || Et misericórdia tua subfequétur me * ómni-
bus diébus vitæ meæ.

IMPINGUASTI in óleo caput meum : * & calix meus inébrians quàm præclárus eft ! || ET ut inhábitem in domo Dómini * in lon-gitúdinem diérum.

Maniere de donner le Baifer-de-Paix.

Dès que le Pfeaume ci-deffus eft entonné, la Maî-treffe remet le cierge à la Novice & fait avec elle une inclination profonde au Très-Saint Sacrement, puis elle la conduit d'abord à la Mere-Supérieure ; en l'a-bordant elles lui font enfemble une inclination grave, enfuite la Novice fe met à genoux & baife la main de la Mere-Supérieure ; elle fe leve pour en recevoir le Baifer-de-Paix, (*la Mere-Supérieure en l'embraffant lui dit :* » Ma chere Fille, que la Paix du Seigneur, » foit avec vous. ») après quoi elle lui fait avec fa Maîtreffe une feconde inclination grave, & paffe à la Mere-Affiftante, devant laquelle elle fe met auffi à ge-noux ; celle-ci la releve auffi-tôt & l'embraffe en lui adreffant les mêmes paroles que la Mere-Supérieure : elle embraffera enfuite toutes les Religieufes, (*cha-que Religieufe lui dit en l'embraffant :* » Ma chere-» Sœur, que la Paix du Seigneur foit avec vous. ») en commençant par le côté droit. Lorfqu'elle aura fi-ni de ce côté, elle viendra vers le milieu de la grille, fera une inclination grave & continuera d'embraffer les Religieufes qui font du côté gauche. Après qu'elle aura fini d'embraffer la Communauté, elle embraffera fa Mere Maîtreffe & reviendra au milieu du Chœur ; la jeune Demoifelle Penfionnaire lui remettra fon cierge ; enfuite elle fera avec fa Mere Maîtreffe, une inclination profonde au Saint Sacrement, & fe met-tra à genoux. *Les Sœurs Choriftes entonnent auffi-tôt l'Antienne.*

be-ne-dicta.

Après cette Antienne, dès que la Maîtresse des Cérémonies donne le fignal, on fort du Chœur dans le
même ordre qu'on y eft entré. La Novice (*ou* les Novices) refte à genoux jufqu'au moment auquel la
Mere Supérieure & la MereMaîtreffe viennent la faire
lever, pour faire avec elle une inclination profonde au
Très-Saint Sacrement & marcher à la fuite de la Proceffion qui fe rend dans l'avant-Chœur où fe termine
la Cérémonie.

*Si elles font deux , le Baifer-de-Paix fe donne com-
me il fuit :*

Si elles font deux Novices, elles viendront accom-
pagnées des deux Maîtreffes du Noviciat & des Demoifelles qui doivent porter leurs cierges à la ftalle de la

Mere-Supérieure, & après l'avoir saluée par une inclination grave, elles se mettront à genoux l'une après
l'autre pour baiser la main de la Mere-Supérieure &
en recevoir le Baiser-de-Paix; ce qu'elles feront également à la Mere Assistante; elles se partageront ensuite des deux côtés du Chœur; la plus ancienne prendra le côté droit : lorsqu'elles seront arrivées vers la
grille, elles se croiseront après avoir salué par une
inclination grave, & continueront d'embrasser chacune de leur côté & reviendront au milieu du Chœur,
où après avoir reçu leurs cierges, elles feront une inclination au Très-Saint Sacrement & se mettront à genoux pour le *Sub tuum* &c. le reste comme ci-dessus
pour la sortie du Chœur.

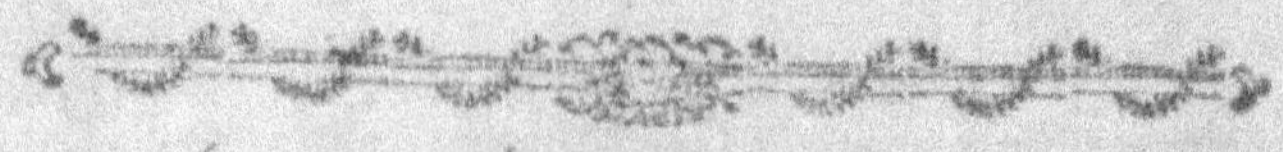

CÉRÉMONIE
DES PROFESSIONS.

LE jour d'une Cérémonie de Profession, la Sœur Sacristine ayant reçu dès le matin, de la Maîtresse des Novices, deux Corbeilles, les fera passer par le tour de la Sacristie; dans la premiere seront le Manteau & des Voiles Noirs plies : Dans la seconde une Couronne d'Epines, une Médaille du Sacré Cœur, & un Anneau au-dedans duquel seront gravés ces mots : *Jésus est mon Epoux*, l'an & le jour de la Profession. Ces Corbeilles seront mises sur l'Autel en attendant la Bénédiction par le Célébrant.

La Sœur Sacristine fera préparer des sieges le long de la grille pour le Célébrant & ses Assistants; & elle-même de son côté mettra près de la même grille trois Chandeliers pour recevoir les Cierges, de la Novice, de la Mere-Supérieure & de la Maîtresse des Novices pendant le Sermon & les autres circonstances qui le requéreront : enfin elle mettra dans l'avant-Chœur la Croix & les Chandeliers pour la Procession, ainsi que les Cierges pour la Communauté.

La Cérémonie commencera [autant qu'il sera possible] à neuf heures précises du matin. On ne sonnera cependant l'assemblée de la Communauté que lorsque le Prédicateur & les principaux parens seront arrivés. Dès que l'assemblée sonnera, les Sœurs seront très-exactes à se rendre dans l'avant-Chœur : les Professes y prendront leur Manteau & les Cierges qui leur sont destinés. *Celles qui sont au côté droit de la Procession, tiendront leur Cierge de la main droite : & celles qui seront du côté gauche le porteront de la main gauche : ils seront allumés pendant toute la Cérémonie, excepté pendant le Sermon & la Messe jusqu'au Pater; mais on n'éteindra point celui de la Novice.*

Tout étant ainsi disposé, la Novice se mettra à genoux pour demander la Bénédiction à la Mere Supérieure, qui donnera ensuite le signal pour l'entrée du Chœur; aussi-tôt les Sœurs Choristes entonneront le Pseaume suivant:

PSEAUME

Du 6
en C.

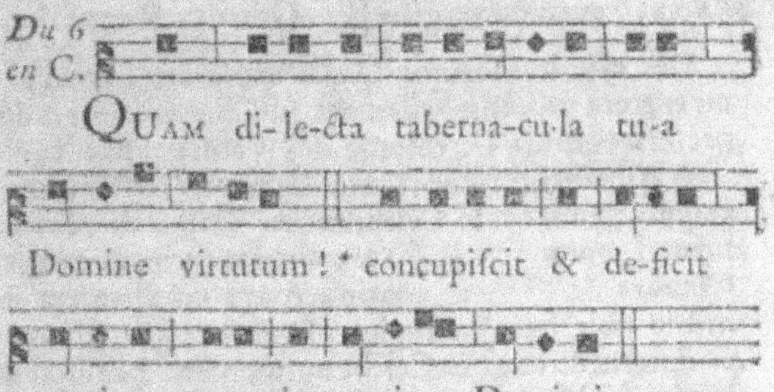

COR meum, & caro mea * exultavérunt in Deum vivum.

ETENIM passer invénit sibi domum, * & turtur nidum sibi, ubi ponat pullos suos.

ALTARIA tua, Dômine virtútum, * Rex meus, & Deus meus.

BEATI qui hábitant in domo tua, Dómine, * in sécula seculórum laudábunt te.

BEATUS vir cujus est auxilium abs te; * ascensiónes in corde suo dispósuit in valle lacrymárum, in loco quem pósuit.

ETENIM benedictiónem dabit legislátor, ibunt de virtúte in virtútem: * vidébitur Deus deórum in Sion.

DOMINE Deus virtútum, exaudi oratiónem meam; * áuribus pércipe, Deus Jacob.

PROTECTOR noster, áspice, Deus, * & réspice in fáciem Christi tui;

QUIA mélior est dies una in átriis tuis * super millia.

ELEGI abjéctus esse in domo Dei mei, * magìs quàm habitáre in tabernáculis peccatórum.

Quia misericórdiam & veritátem díligit Deus; * grátiam & gló- riam dabit Dóminus.

Non privábit bonis eos qui ámbulant in innocéntia: * Dómine virtútum, beátus homo qui sperat in te.

GLORIA PATRI &c.

Dès que le Pseaume *Quam dilecta,* sera entonné, on entrera processionellement au Chœur dans l'ordre prescrit pour la Cérémonie des Vêtures, pag. 10.

A la fin du Pseaume, toutes les Sœurs se mettront à genoux; aussi-tôt le Célébrant en Chape au pied de l'Autel, entonnera le *Veni, Creator,* pag. 6. que les Chœurs & l'Orgue continueront; on chantera de même trois fois la strophe *Monstra te esse Matrem,* & durant ce tems le Célébrant montera à l'Autel & bénira les Vêtements comme il suit:

Le Diacre présentera au Célébrant les Vêtements les uns après les autres, en commençant par le Voile.

℣. Adjutórium † nostrum in nómine Dómini,

℟. Qui fecit cœlum & terram.

℣. Osténde nobis, Dómine, misericórdiam tuam.

℟. Et salutáre tuum da nobis.

℣. Dómine Deus virtútum convérte nos.

℟. Et osténde fáciem tuam & salvi érimus.

℣. Dómine exáudi oratiónem meam.

℟. Et clamor meus ad te véniat.

℣. Dóminus vobíscum, ℟. Et cum spíritu tuo.

Bénédiction du Voile.

Orémus.

OMnipotens sempiterne Deus, donórum ómnium fons indeficiens, velámen istud, *(ou* velámina ista *)* virginitátis regumentum *ou (* tegu-

menta) dignáre Bene-†-dícere & Confe-†-cráre
ut fámula tua *ou* (fámulæ tuæ) fub tégmine illíus
à terrénis vanitátibus óculos avertens, *ou* (aver-
tentes) illos júgiter agno vírginum fponfo apériat
ou (apériant) & eum folum íntuens *ou* (intuentes)
folum fponfum habére mereátur *ou* (mereantur.)
Per eumdem Dóminum noftrum Jefum Chriftum
Filium tuum ; Qui tecum vivit & regnat in unitáte Spíritus fancti Deus , per ómnia fécula fécu-
lórum. ℞. Amen.

Le Célébrant encenfe & afperge le Voile ; il fait
enfuite les autres Bénédictions fans encens.

Bénédiction de l'Anneau.

Orémus.

SPonfor Vírginum fidélis , fúfcipe deprecatiénes
noftras & bénedic † déxterà tuâ ánnulum iftum ,
ou (ánnulos iftos,) arrham fídei datæ fponfábus tuis,
ut fit (*ou* fint) fámulæ tuæ (*ou* famulábus tuis,)
in fignum ætérnæ defponfatiónis ; qui vivis & regnas &c.

Bénédiction de la Médaille.

Orémus.

DEus qui unigénitum tuum in fimilitúdinem hóminum fieri voluífti : hanc (*ou* has) quæfumus divíni cordis ejus imáginem (*ou* imágines) fancti-
†-ficáre & bene † dícere dignéris, & concéde ut
qui verbum incarnátum fub hac imágine adorámus ,
divino exemplári dignis móribus conformes fieri
mereámur , Per Chriftum Dóminum noftrum.
℞. Amen.

Bénédiction de la Couronne.

Orémus.

SAnctífica, Dómine, hanc Corónam fpíneam (*ou* has
Corónas fpíneas) ut quæ eam geftáverit (*ou* geftáve-

rint) in memóriam Passiónis tuæ , ejúsdem Paf-
siónis tecum párriceps (*ou* partícipes) éffici & sic
in glóriam regni cœléstis intráre mereátur (*ou* mereantur ; Qui vivis & regnas.

Bénédiction du Manteau.

Orémus.

CLementíssime Dómine , qui fragilitáte nostra
indútus, vestimenta nostra sanctificásti , sanctifica
vestimentum illud quod fámula tua indutúra est
(*ou* fámulæ tuæ indutúræ sunt) ut in novíssimo die
tristi exúta (*ou* exútæ) mortalitáte , beátam induat
(*ou* induant) immortalitátem ; Qui vivis & regnas
cum Deo Patre in unitáte Spiritûs sancti Deus ,
Per ómnia sécula seculórum. ℟. Amen.

Aussi-tôt après ces Bénédictions , le Sacristain portera promptement les corbeilles au tour de la Sacristie , où deux Sœurs Novices se trouveront pour
les recevoir: (*Les deux Sœurs Novices , pour cet*
effet , sortiront du Chœur à la Strophe Monstra te
esse matrem , *après avoir fait ensemble une profonde*
inclination , ce qu'elles observeront encore en y ren-
trant & après avoir posé les Corbeilles aux deux côtés
du guichet de la grille : celle où sont les voiles doit
être du côté droit.) puis il prendra l'Encensoir & la
Navette pour l'Evangile, & le Célébrant descendra au
pied de l'Autel pour dire les ℣ ℣. & Oraisons suivants :

Les Chœurs se tiennent debout tournés vers la grille,
pendant les Versets & Oraisons qui se rencontrent dans
le cours de la Cérémonie. La Novice reste à genoux ,
& ne se leve que pour l'Evangile.

℣. Emitte spíritum tuum & creabuntur ;

℟. Et renovábis fáciem terræ.

℣. Ora pro ea (*ou* eis) sancta Dei génitrix

℟. Ut digna efficiátur (*ou* dignæ efficiantur) promissiónibus Christi.

Orémus.

DEus, qui corda fidélium sancti Spíritûs illustratióne docuisti : da nobis in eódem spíritu recta sápere & de ejus semper consolatióne gaudére. Per.

Pendant l'Oraison Protege. (*ou plûtôt, s'il est nécessaire,*) *le Diacre dit le* Munda cor meum. *& on observe les mêmes Cérémonies qu'aux Messes Solemnelles, tant devant qu'après l'Evangile qui suit :*

Orémus.

PRótege, Dómine, hanc fámulam tuam (*ou* has fámulas tuas) subsídiis pacis & beátæ Maríæ semper Vírginis patrociniis confidentem (*ou* confidentes) perpétuâ defensióne conserva. Per Christum.

Après ces Oraisons, le Diacre revêtu d'une Tunique chante l'Evangile qui suit : le Célébrant se tenant au côté de l'Epître, & toutes les Religieuses debout en face de la grille.

Sequéntia Sancti Evangélii , secundùm Matthæum.
Cap. 16. 4.

IN illo témpore : dixit Jesus discípulis suis : Si quis vult veníre post me, ábneget semetipsum & tollat crucem suam & sequátur me. Qui enim volúerit ánimam suam salvam fácere , perdet eam. Qui autem perdíderit ánimam suam propter me, invéniet eam. Quid enim prodest hómini, si universum mundum lucrétur, ánimæ vero suæ detrimentum patiátur ? Aut quam dabit homo commutatiónem pro ánimâ suâ ? filius enim hóminis ventúrus est in glória patris sui cum ángelis suis : & tunc reddet unicuique secundùm ópera ejus.

Après l'Evangile , le Célébrant & ses Ministres viennent s'asseoir près la grille en face du Prédicateur, (*à ce moment les deux Sacristines prennent les cierges des Sœurs en commençant l'une par la Mere-Supérieure, & l'autre par la Mere-Assistante.*) tout le Chœur s'asseoit de même, excepté la Novice qui reste à genoux pendant l'Exorde & tenant son cierge. (*pendant l'Ave Maria la Mere Maîtresse s'approche de la Novice pour le lui ôter.*) après l'*Ave Maria* elle le rend à sa Mere Maîtresse en la saluant par une inclination simple , ayant auparavant fait avec elle une inclination profonde au Saint Sacrement : puis elle restera assise jusqu'à la fin du Sermon, & observera de faire une inclination simple, lorsque le Prédicateur lui adressera la parole par ces mots : *Ma chere Sœur.*

Après le Sermon , la Mere-Maîtresse remet le Cierge à la Novice : elle le reçoit en faisant une inclination simple ; ensuite elles font ensemble une inclination profonde au Saint Sacrement, & s'approchent de la grille : là elles font ensemble une inclination grave, la Novice se met à genoux , & le Célébrant l'interroge.

D. Ma Fille, que demandez-vous ? (*ou mes Filles.*)

La Novice répond , Mon Pere , je demande très-humblement la grace d'être admise à la Profession, quoique j'en sois indigne.

Le Célebrant. D. Y avez-vous bien pensé ? sçavez vous à quoi vous vous engagez ? & espérez-vous y être fidelle ?

La Novice répond , Oui mon Pere , moyennant la grace de Dieu , votre charité & celle de mes Sœurs.

Le Célébrant dit :

DEt tibi (*vel* vobis) Dóminus in hoc sancto propósito perseveráte , illudque ad optátum efféctum

perdúcere sua benignitáte dignétur (*à la Bénédiction la Novice s'incline profondément.*) in nómine
Patris, † & Filii, & Spiritûs sancti.   ℟. Amen.

Après cette Bénédiction, la Novice se leve & fait
avec sa Maîtresse une inclination grave au Célébrant,
(*la Novice étant retournée à sa place, fait avec sa
Maîtresse une inclination profonde au Saint Sacremene
avant de se mettre à genoux pour la Messe.*) lequel
avec ses Ministres retourne à la Sacristie , où ils se re-
vêtent d'Ornements pour la Messe qui doit être du
Saint Esprit, à moins que ce ne soit une Fête d'un
rit qui exclue les Messes votives.

[*Après l'Oraison de la Messe , le Célébrant ajoute
l'Oraison de même que la Secrette & la Post-Commu-
nion.* Pro sacris Deo Virginibus. 64. inter diversas. *sous
une seule conclusion , ou avant les mémoires s'il y
en a.*]

[*La Novice & toutes les Sœurs seront assises pendant
le* Kyrie *de la Messe, le* Gloria in excelsis, *le* Graduel,
la Prose *&* le Credo. *Au* ℣. Veni sancte *tout le Chœur
se met à genoux ; elles seront debout pendant* l'Evangile *&* la Préface.]

A l'article du Credo , *Et incarnatus,* elle sera une inclination profonde , se mettra à genoux un peu incli-
née , elle se relevera à ces mots : *crucifixus, &c.* sera une
inclination profonde & s'avancera lentement vers le
guichet de la grille, étant accompagnée de sa Maîtresse.
Elles feront ensemble une inclination grave ; la Novice se mettra à genoux, pour baiser le livre des Saints
Evangiles, qui lui sera présenté par le Diacre ; elle se
relevera ensuite , sera une inclination grave & retournera à sa place, où elle fait avec sa Maîtresse une
inclination profonde.

*Après l'Offertoire, la Novice chante le Motet sui-
vant , en s'inclinant par dégrés : elle se releve de
même.*

A la Communion du Prêtre , la Maîtresse ôte le cierge à la Novice ; & après que le Célébrant a dit les Verſets *Indulgentiam* &c. la Mere-Supérieure dit à voix haute :

℣. Immola Deo ſacrificium laudis,

Le Chœur répond , Et redde altiſſimo vota tua.

Le Célébrant accompagné de ſes Miniſtres vient à la grille, tenant en ſes mains le Très-Saint Sacrement.

A ce moment la Mere-Supérieure quitte ſa place & vient préſenter à la Novice ſa carte de Profeſſion, elle la reçoit en faiſant une inclination ſimple. Enſuite elle ſe leve, & fait avec la Mere-Supérieure & avec la Mere Maîtreſſe une inclination profonde ; en s'approchant de la grille , elle dit d'une voix intelligible :

VOta mea Dómino reddam in conſpectu omnis pópuli ejus, in átriis domûs Dómini.

Etant proche de la grille , elles font toutes trois une inclination profonde au Très-Saint Sacrement ; elles s'agenouillent & l'adorent par une inclination de tête très-reſpectueuſe : enſuite la Novice lit à voix haute la Formule de ſes vœux.

IN NOMINE PATRIS, ET FILII, ET SPIRITUS
SANCTI. Amen.

Moi, *N. N.* dite en Religion Sœur *N.* librement
& de tout mon cœur, voue & promets à mon Dieu
immortel & tout puissant, présent & réellement ca-
ché & immolé sous cette sainte & adorable Hostie:
de garder selon la forme & teneur des constitutions &
réglemens de ce Monastere, Chasteté, Pauvreté,
Obéissance sous Clôture. Je fais ces Vœux Perpétuels
en qualité d'Adoratrice Perpétuelle & de Victime du
Sacré-Cœur de JÉSUS, *(en qualité de Sœur de ser-*
vice,) sous la protection de l'Immaculée Mere de Dieu
& la mienne, de Saint Joseph son chaste Epoux, de
Saint Augustin notre bienheureux Pere, de S.te-Aure
Patrone de cette Maison, entre les mains de M. *N. N.*
& entre les vôtres, notre très-Révérende-Mere-Su-
périeure *N.N.* Je m'engage & promets à JÉSUS-CHRIST
mon unique & Céleste Epoux, animée de son Esprit &
soutenue de sa Grace, de conformer en tout, autant
qu'il me sera possible, ma vie & mes mœurs à notre
sainte regle, à nos constitutions & réglemens. Je fais
ces Vœux sous l'autorité & bon plaisir de l'Illustris-
sime & Révérendissime Pere en Dieu, *N. N.* Archevêque de Paris, Supérieur né de ce Monastere; en foi
de quoi j'ai signé la présente Cédule de ma main dans
l'Eglise de Sainte-Aure, rue neuve Sainte Geneviéve,
Fauxbourg Saint Marcel. A Paris, ce   l'an de
Notre-Seigneur mil sept cent

Aussi-tôt que la nouvelle Professe a prononcé ses
vœux, la Maîtresse lui présente une plume & elle signe
son nom; ensuite le Célébrant lui dit: » Et moi je
» vous promets, de la part de Dieu, la Vie éternelle,
» si vous êtes fidelle jusqu'à la mort aux sacrés en-
» gagemens que vous venez de contracter avec Jésus-
» Christ. » *Et la Novice le salue par une inclination*
de tête respectueuse, alors il lui donne la sainte Com-
munion en disant:

QUod Deus in te incœpit, ipse perficiat; & Corpus Dómini noftri Jefu Chrifti cuftódiat ánimam tuam in vitam æternam. Amen.

Après qu'elle a communié, elle fe leve : la Mere-Supérieure & la Mere Maîtreffe fe levent auffi, & elles font enfemble une inclination profonde au Très-Saint Sacrement : enfuite la Mere-Supérieure retourne à fa ftalle. La nouvelle Profeffe vient au milieu du Chœur accompagnée de la Maîtreffe; elle fait avec elle une inclination profonde au Saint Sacrement, puis elle fe met à genoux & y refte jufqu'à la fin de la Meffe.

Si elles font deux qui faffent Profeffion, la Mere-Supérieure & la Mere Maîtreffe reftent à genoux près la grille : & la premiere Profeffe après avoir communié fe leve, fait une inclination profonde, retourne à fa place où elle en fait une feconde, puis elle fe met à genoux.

Dans cet intervalle l'autre Novice après avoir fait à fa place une inclination profonde, s'avance vers la grille où elle en fait une feconde, puis elle fe met à genoux, adore le Très Saint Sacrement & prononce à haute voix la Formule de fes Vœux. *Le refte comme ci-devant.*

Le Célébrant retourne à l'Autel pour finir la Meffe.

La Meffe étant finie, le Célébrant en Chape revient à la grille, accompagné de fes Miniftres pour continuer la Cérémonie, (*à cet inftant une jeune Demoifelle Penfionnaire vient prendre la Corbeille qui eft fur la grille ; elle obfervera les mêmes Cérémonies indiquées à la Vêture.* pag. 31.) Ils s'affeoient tandis que la Mere-Supérieure met les premiers Voiles.

Auffi-tôt la nouvelle Profeffe fe leve & fait avec fa Maîtreffe une inclination profonde au Très-Saint Sacrement; celle-ci la conduit à la ftalle de la Mere-Supérieure; en l'abordant elles lui font enfemble une inclination grave, la nouvelle Profeffe fe met à genoux pour recevoir le premier Voile que la Mere-Supérieure lui met, étant aidée de la Maîtresse.

A ce moment, la premiere Postulante s'approche pour recevoir le Voile blanc, lorsqu'il sera détaché : elle observe de faire devant & après une profonde révérence, & de même lorsqu'elle passe devant le Très-Saint Sacrement. Le premier Voile étant mis, la nouvelle Professe se leve & salue la Mere-Supérieure par une inclination grave qu'elle fait avec sa Maîtresse, laquelle se met ensuite à sa gauche ; la Mere-Supérieure quittant sa stalle vient se mettre à sa droite ; & toutes deux la conduisent au Célébrant pour recevoir de sa main le grand Voile & les autres Ornemens bénis. Lorsqu'elles sont proche de la grille, elles font ensemble une inclination grave ; & la nouvelle Professe se met à genoux proche le guichet.

Alors la Mere-Supérieure présente le Voile au Célébrant, il le fait baiser à la nouvelle Professe & en le lui mettant sur la tête, il dit :

Le Voile.

ACcipe Velum sacrum, pudóris & reveréntiæ signum, quod pérferas ante tribúnal Dómini nostri Jesu-Christi, ut hábeas vitam æternam. ℞. Amen.

La Mere-Supérieure présente ensuite l'Anneau, lequel sera sur un petit plat d'argent ; le Célébrant fait baiser l'Anneau à la nouvelle Professe, puis le remet sur le plat, & tandis que la Mere-Supérieure le lui met au doigt, il dit :

L'Anneau.

EXhíbeas te Vírginem castam & sponsam Christi fidélem, ut cum eo ambuláre & sedére in regno cœlésti mereáris. Per eumdem Christum Dóminum nostrum. ℞. Amen.

La Mere Supérieure présente de même la Médaille sur le plat d'argent ; le Célébrant la fait baiser à la

Professe, & l'ayant ensuite remis sur le plat, la Mere Supérieure la lui attache, & à ce moment le Célébrant dit.

La Médaille.

POnat cor suum Dóminus, ut signáculum super cor tuum, ut signáculum super bráchium tuum : & memento quia fortis est ut mors diléctio. ℟. Amen.

Ensuite la Mere Supérieure déploie le Manteau, & le présente au Célébrant par le haut : il le fait baiser à la nouvelle Professe, & tandis qu'elle le lui met, (*étant aidée par la Maîtresse*) le Célébrant dit.

Le Manteau.

INduat te Dóminus veste nuptiáli quam serves sine mácula, ut ad mensam æterni convívii unà cum ómnibus sanctis faciat te sedére Dóminus noster Jesus Christus ; Qui cum Patre & Spiritu sancto vivit & regnat in sécula seculórum. ℟. Amen.

Enfin la Mere Supérieure présente au Célébrant la Couronne d'Épines, il la fait baiser à la Nouvelle Professe, & en la lui mettant il dit : (*La Mere Supérieure & la Maîtresse la lui attachent.*)

La Couronne d'Épines.

ACcipe Corónam quam tibi offert Sponsus tuus, ut passiónis suæ in terris, ejusdem glóriæ in cœlis párticeps éffici mereáris ; Per eumdem Christum Dóminum nostrum. ℟. Amen.

Cette preire finie, elle se leve & fait avec la Mere Supérieure & la Maîtresse une inclination grave au Célébrant, la Mere Supérieure retourne à sa stalle, & la Professe accompagnée de sa Maîtresse vient au milieu du Chœur, fait avec elle une inclination profonde : puis elle entonne feule le Motet, *Gaudens gaudebo*, à moins qu'étant deux, il ne foit néceffaire d'obferver ce qui eft prefcrit dans la remarque fuivante :

N. B. [Le Célébrant & fes Miniftres s'affoient en face de la grille.] Enfuite la Maîtreffe fait avec les deux nouvelles Profeffes une inclination profonde, puis elle conduit la deuxieme Profeffe à la Mere Supérieure pour recevoir le premier Voile, & enfuite la Mere-Supérieure & la Maîtreffe la conduifent au Célébrant pour recevoir le grand Voile, &c. & dans toutes ces circonftances, le Célébrant dit les mêmes prieres & l'on obferve les mêmes Cérémonies, comme pour la premiere Profeffe. Voyez ci-deffus pag 36.

Après que la nouvelle Profeffe (*ou les nouvelles Profeffes*) a reçu la Couronne d'Épines, & qu'elle eft revenue au milieu du Chœur, elle chante debout le Motet fuivant :

Duo en Chœur.

Qui- a in-du it me vesti- men-tis sa-lu-

Qui- a in-du-it me vesti- men-tis sa-lu-

tis , & indumen- to justi-ti- æ circumde- dit

tis , & indu-men-to justi-ti- æ circum-de-dit

me, quasi sponsum deco- ra - - - - - - tum

me , quasi spon-sum decora- - - - - tum

co- ro- na co-ro- na & qua-si

co- ro- na co-rona

spon-sam orna- tam orna-

& quasi sponsam orna- tam orna-

La nouvelle Professe chante seule ce qui suit :

A la fin de ce Motet, la nouvelle Professe fait une inclination profonde & se met à genoux, pour se prosterner aussi-tôt que le Carreau & le Drap mortuaire seront disposés par les quatre Religieuses nommées par la Mere-Supérieure ; lesquelles l'étendront sur la Professe & se mettront à genoux aux quatre coins, tenant leurs cierges allumés. Elles resteront dans cette posture tout le tems des prieres , afin d'être à portée de retirer à tems le Drap mortuaire.

Alors les Sœurs Choristes entonnent le *Libera.*

Li-be-ra me , Do- mine, ab i- is qui
o-de- runt me : non abfor-beat me pro- fun-
dum neque ur-ge- at fu- per me pu-te-us
os fu- um. * Ex-au-di me quo- ni-am
† Be-ni- gña eft im-fe- ricor- di- a tu-
a : * Inten- de animæ me- æ,
& li-be-ra e am. ℣. Propofu-it te
De- us pro-pi- ti- a- ti-o-nem per fidem propter remiffi o- nem de- li- ĉto-
rum, * Inten- de.

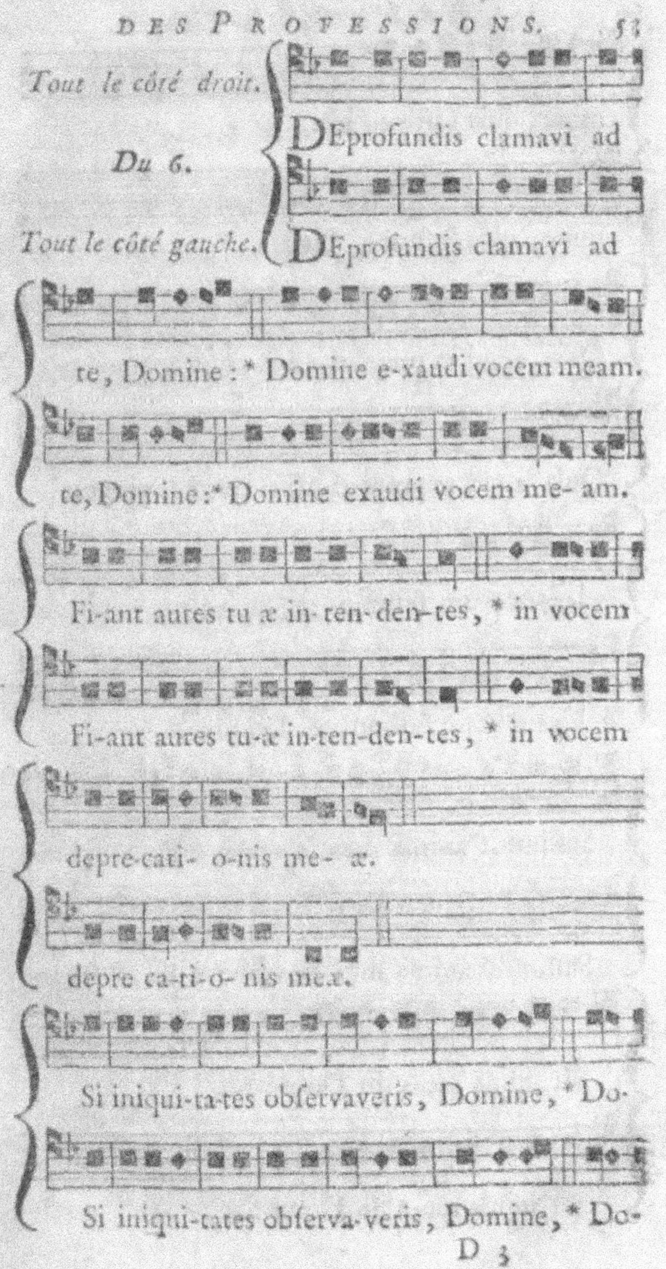
Tout le côté droit.

Du 6.

DEprofundis clamavi ad

Tout le côté gauche. DEprofundis clamavi ad

te, Domine : * Domine e-xaudi vocem meam.

te, Domine : * Domine exaudi vocem me- am.

Fi-ant aures tu æ in-ten-den-tes, * in vocem

Fi-ant aures tu-æ in-ten-den-tes, * in vocem

depre-cati- o-nis me- æ.

depre ca-ti-o- nis meæ.

Si iniqui-ta-tes observaveris, Domine, * Do-

Si iniqui-tates observa-veris, Domine, * Do-

mine, quis sustine- bit.

mine, quis sustine-   bit?

Quia apud te propi-ti-ati-o est, * & propter

Quia apud te propi-ti-ati-o est, * & propter

legem tuam sustinui- te, Domi- ne.

legem tuam sustinui- te, Domine.

Sustinu-it anima mea in verbo e-jus, * spera-

Sustinu-it anima mea in verbo e-jus, * spera-

vit anima me-a in Do-mi-no.

vit anima me-a in Domi-no.

A cuftodi- a matu-ti na ufque ad noctem, *
A cuftodi- a matu-tina ufque ad noctem, *
fpe-ret Ifra-el in Domino ;
fpe-ret Ifra-el in Domino ;
Qui-a apud Dominum miferi-cordi- a, * &
Qui-a apud Dominum miferi-cordi- a, * &
copi- ofa apud e-um redempti- o.
copi- ofa apud e-um redempti- o.
Et ipfe redimet Ifra- el, * ex-omnibus ini-
Et ipfe redimet Ifra- el, * ex omnibus ini-

Le Célébrant. Kyrie eléïson.
Le Chœur. Chrîste eléïson.
Le Célébrant. Kyrie eléïson.
Pater noster *tout bas.*

℣. Et ne nos indúcas in tentatiónem ;

℟. Sed líbera nos à malo.

℣. Fiat misericórdia tua , Dómine , super nos :

℟. Quemádmodùm sperávimus in te.

℣. Manda , Deus , virtúti tuæ

℟. Confirma hoc , Deus , quod operátus es in ea (*ou* in eis.)

℣. Salvam fac ancillam tuam (*ou* salvas &c.)

℟. Deus meus sperantem (*ou* sperantes) in te.

℣. Esto ei (*ou* eis) turris fortitúdinis ;

℟. A fácie inimíci.

℣. Nihil profíciat inimícus in ea (*ou* in eis);

℟. Et filius iniquitátis non appónat nocére ei *ou* eis.)

℣. Dómine, exaudi orationem meam ;

℟. Et clamor meus ad te véniat.

℣. Dóminus vobíscum ;

℟. Et cum spíritu tuo.

Orémus.

OMnipotens & sempiterne Deus qui humánæ fragilitátis infirmitátem agnoscis , réspice quæsumus super hanc fámulam tuam (*ou* has fámulas tuas) & gratiárum tuárum abundántiâ infirmitátem ejus (*ou* eárum) corroboráre dignéris : ut promissa vota que præveniendo aspirasti , sanctè & pie vivendo , váleat (*ou* váleant) diligenter observáre , & sic vitam promeréri sempiternam. Per Christum Dóminum nostrum. ℟. Amen.

Après cette Oraison , le Célébrant encense la nouvelle Professe , & lui jette de l'Eau-bénite en disant:

BEnedíctio Dei omnipotentis Patris, † & Filii, & Spíritûs sancti, descendat super te (*ou* vos) & máneat semper. ℟. Amen.

Après cette Bénédiction, on leve le Drap mortuaire ; les quatre Sœurs qui ont accompagné la nouvelle Professe se retirent ; le Célébrant & ses Ministres vont à l'Autel, où le Célébrant entonne le *Te Deum*, que les Chœurs & l'Orgue, continuent alternativement.

Aussi-tôt la nouvelle Professe étant debout, reçoit son cierge de sa Maîtresse, puis elle le remet à la Demoiselle Pensionnaire qui s'est présentée pour le recevoir, & le porter pendant la cérémonie du Bai-

ser-de-Paix, qui se donne en la maniere prescrite ci-
dessus page 33 , à la Cérémonie des Vêtures.

Puis etant reconduite au milieu du Chœur , elle
reste debout, jusqu'à la fin du *Te Deum*, toujours
accompagnée de sa Maîtresse , ensuite elle se met à
genoux pour l'Oraison , ainsi que tout le Chœur.

HYMNE.

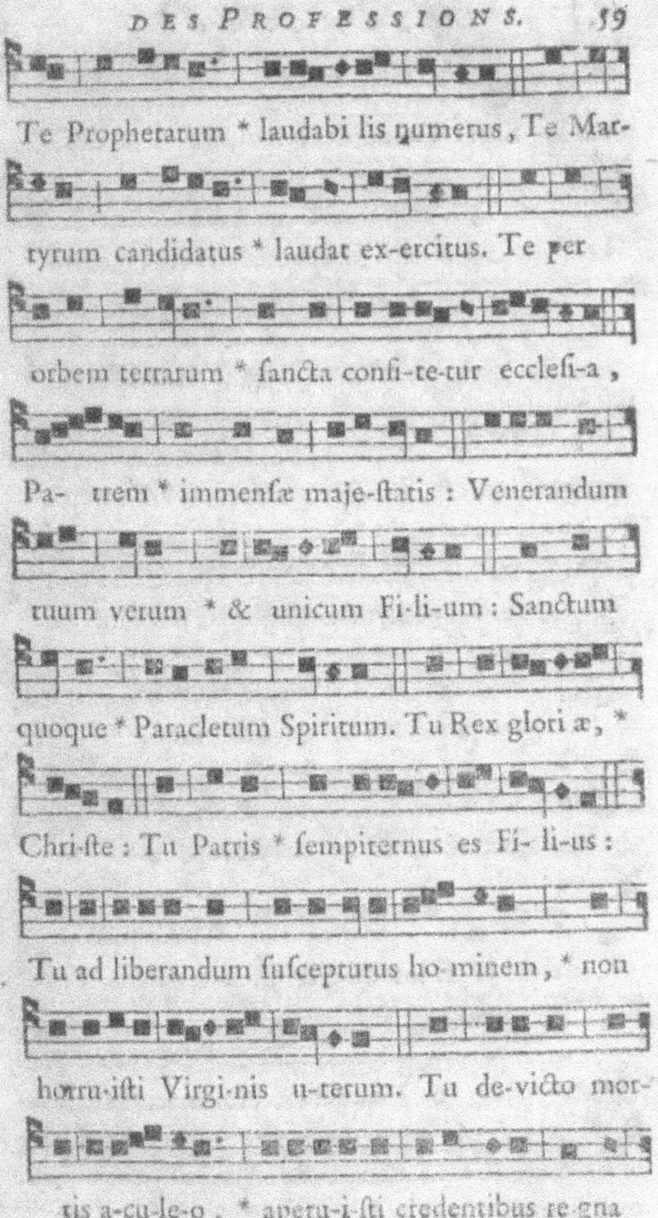

Te Prophetarum * laudabi lis numerus, Te Mar-
tyrum candidatus * laudat ex-ercitus. Te per
orbem terrarum * sancta confi-te-tur ecclesi-a,
Pa- trem * immensæ maje-statis : Venerandum
tuum verum * & unicum Fi-li-um : Sanctum
quoque * Paracletum Spiritum. Tu Rex glori æ, *
Chri-ste : Tu Patris * sempiternus es Fi- li-us :
Tu ad liberandum suscepturus ho-minem, * non
horru-isti Virgi-nis u-terum. Tu de-victo mortis a-cu-le-o, * aperu-i-sti credentibus re-gna

mus nomen tu-um in se-culum * & in se-culum

ra- vi non confundat in æ- ter- num.

Le Célébrant. ℣. Benedicámus Patrem & Fílium cum Sancto spíritu,

Le Chœur. Laudémus & super exaltémus eum
in sécula.

Orémus.

DEus cujus misericórdiæ non est númerus, &
bonitátis infinitus est thesaurus, píssimæ majestáti
tuæ pro collátis fámulæ tuæ (*ou* famulábus tuis) be-
neficiis grátias ágimus, tuam semper cleméntiam exorantes, ut qui précibus ejus (*ou* eárum) postuláta concessísti, eamdem (*ou* easdem) non déserens, ad præmia futúra dispónas. Per Christum Dóminum nostrum ℞. Amen.

Après cette Oraison, on sort du Chœur, dans le même ordre qu'on y est entré : la nouvelle Professe reste à genoux jusqu'au moment auquel la Mere-Supérieure & la Maîtresse des Novices viennent la faire lever, pour faire avec elle une inclination profonde au Saint Sacrement, & marcher à la suite de la Procession, qui se rend dans l'avant-Chœur où se termine la Cérémonie.

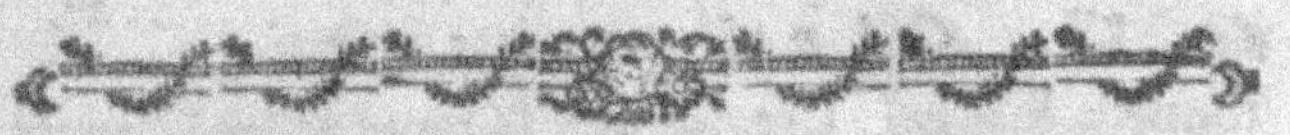

CÉRÉMONIE

DU RENOUVELLEMENT

DES VŒUX.

LEs Sœurs Professes renouvelleront leurs Vœux le jour de la Fête de la Présentation de la Sainte-Vierge au Temple, le vingt & un Novembre, après avoir reçu la Bénédiction de M. le Supérieur.

La veille ou surveille de cette Cérémonie, la Mere-Supérieure tiendra le Chapitre des Coulpes; les Sœurs Professes s'y rendront toutes au son de la cloche, & en Manteau.

Après les Suffrages ordinaires, la Mere Assistante viendra se mettre à genoux aux pieds de la Mere-Supérieure, elle lui fera sa Coulpe, & entre ses mains lui promettra obéissance & respect, de même qu'aux Constitutions, Réglements & Usages de la Communauté : elle recevra pénitence & le baiser-de-Paix. La plus ancienne, ainsi que les autres, par rang de Profession, tant par les Sœurs de Chœur, que par les Sœurs Converses, viendront immédiatement après, & feront de même. Le Chapitre sera terminé par le *Sub tuum præsidium* & la Bénédiction de la Mere-Supérieure, ensuite les Sœurs se retireront.

Ordre de la Cérémonie du renouvellement des Vœux.

LEs Sœurs entreront au Chœur dans l'ordre ordinaire, & prendront leurs places dans les stalles. Après l'Office de Tierce, M. le Supérieur entonnera le *Veni , Creator* que l'Orgue & les Chœurs continueront alternativement. Après le ℣. & l'O- raison, page 6 , commencera une basse Messe.

A l'Offertoire, toutes les Sœurs Professes chan- teront ensemble trois fois le verset , *Suscipe* &c. comme il est noté ci-dessus page 44.

A la Communion du Prêtre , elles viendront à la grille , dans l'Ordre ordinaire de la Communion , avec cette différence , que les plus jeunes commen- ceront , pour que la Mere-Supérieure termine la Cérémonie. Il y aura à ce moment , un cierge allumé , posé sur un chandelier , à la droite du Communi- catoire.

Chaque Sœur , avant de communier , prononcera la Formule suivante :

AU NOM DU PERE, ET DU FILS, ET
DU SAINT-ESPRIT.

MOi Sœur *N.* Adoratrice perpétuelle du SACRÉ CŒUR DE JÉSUS , je renouvelle les Vœux perpé- tuels de Chasteté , Pauvreté , Obéissance sous Clôture , que j'ai faits à ma Profession ; & je vous demande , ô mon Dieu , grace pour les ac- complir. Ainsi soit-il.

Après avoir communié , elle se retire à sa place , les autres viennent à la suite , & font de même.

La Messe étant finie , toutes se levent , & tour- nées en face , elles chantent le Pseaume 132. *Ecce quam bonum.* comme il suit :

L'Organiste touche d'abord une petite piece , dans le ton du Pseaume , & deux Choristes seu- lement chantent le premier verset : ensuite les Chœurs chantent le reste du Pseaume en partie ; mais entre chaque verset , l'Orgue joue une petite piece.

PSEAUME

PSEAUME 132.

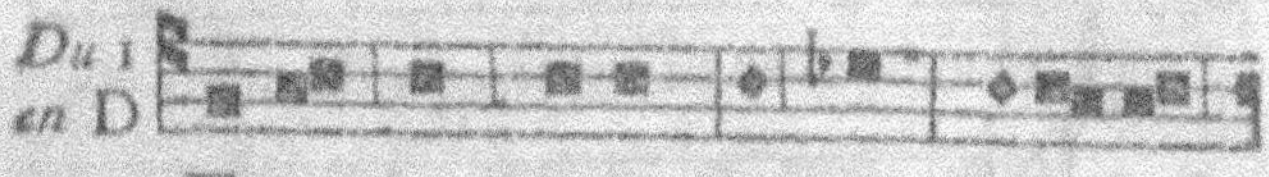

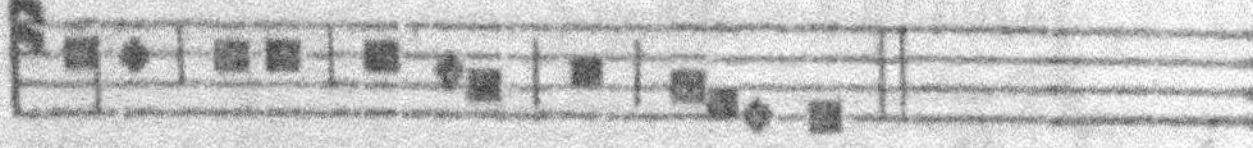

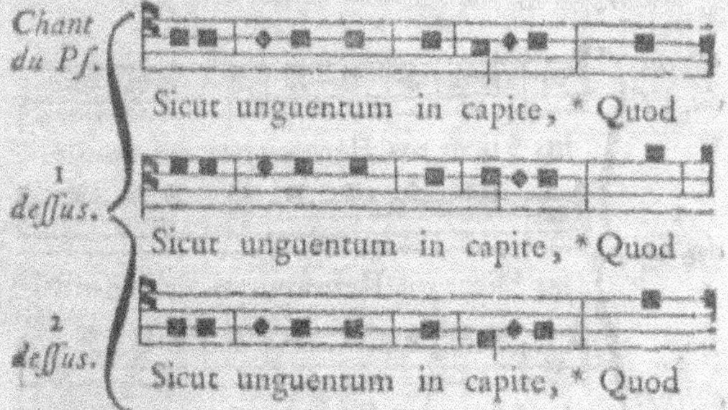

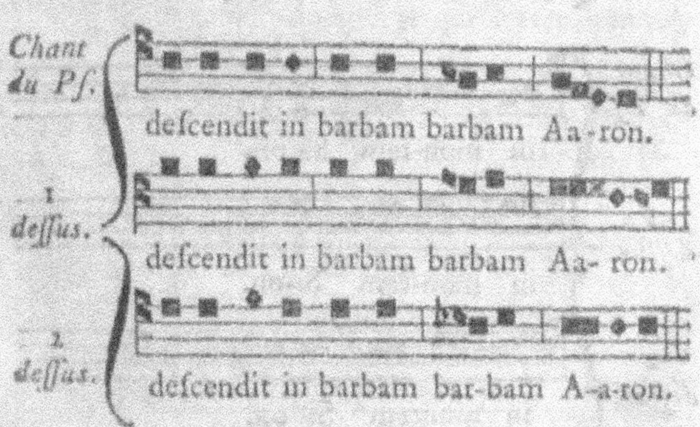

E

Chant
du Pſ.
Quod deſcendit in oram veſtimenti e-
1
deſſus.
Quod deſcendit in oram veſtimenti e-
2
deſſus.
Quod deſcendit in oram veſtimenti e-
Chant
du Pſ.
jus * ſicut ros Hermon qui deſcen-dit
1
deſſus.
jus * ſicut ros Hermon qui deſcen-dit
2
deſſus.
jus * ſicut ros Hermon qui deſcen-dit
Chant
du Pſ.
in mon-tem Si-on.
1
deſſus.
in mon-tem Si-on.
2
deſſus.
in montem Si-on.

Chant
du Pſ.
Quoni-am il-lic manda-vit Dominus
1
deſſus.
Quoni-am il-lic man-davit Dominus
2
deſſus.
Quoni-am il-lic man-davit Domi-nus
Chant
du Pſ.
benedicti-onem * & vi-tam uſ que
1
deſſus.
benedicti-onem * & vi-tam uſque
2
deſſus.
benedicti-onem * & vi-tam uſque
Chant
du Pſ.
in ſe-cu-lum.
1
deſſus.
in ſe- cu-lum.
2
deſſus.
in ſe- cu-lum.

Chant du Pf.
Glori- a Patri, & Fi-li-o, * & Spi-
1 dessus.
Glori- a Pa-tri, & Fi-li-o, * & Spi-
2 dessus.
Glori- a Pa-tri, & Fi-li-o, * & Spi-
Chant du Pf.
ri-tu- i san-cto.
1 dessus.
ri-tu- i sancto.
2 dessus.
ri- tu-i san-cto.
Chant du Pf.
Si-cut e-rat in principi-o, & nunc &
1 dessus.
Si cut e-rat in principi-o, & nunc &
2 dessus.
Si cut e-rat in principi-o, & nunc &

Après ce Pſeaume, on continue l'Action de Graces juſqu'au ſignal pour ſortir.

L'APRÈS MIDI.

ON dit l'Office de None à l'heure ordinaire; enſuite toute la Communauté ſe rend proceſſionel-lement à l'Oratoire de la Sainte Vierge en chantant ſes Litanies.

On chante avant de partir, l'Antienne suivante :

minum.

En sortant du Chœur, on chante les Litanies du
Très-Saint Cœur de Marie.

Kyrie, eléïson. Christe, eléïson. Kyrie, eléïson.
Christe, audi nos. Christe, exaudi nos.
Pater de cœlis, Deus, Miserére nobis.
Fili redemptor mundi, Deus, miserére nobis.

Spíritus sancte, Deus, miserére nobis.
Sancta Trínitas unus Deus, miserére nobis.
Cor Maríæ sanctíssimum, ora pro nobis.
Cor Maríæ Cordi Jesu simíllimum,
Cor Maríæ Dei incarnáti Tabernáculum,
Cor Maríæ Spíritûs sancti Habitáculum,
Cor Maríæ opus Dei perfectíssimum,
Cor Maríæ semper immaculátum,
Cor Maríæ plenum grátiæ,
Cor Maríæ puritátis Miráculum,
Cor Maríæ holocaustum Divíni amóris,
Cor Maríæ Abyssus humilitátis,
Cor Maríæ sédes misericórdiæ,
Cor Maríæ ómnium exemplar virtútum,
Cor Maríæ spes & lætítia Cordis noftri,
Cor Maríæ Exílii noftri solátium,
Cor Maríæ invocántibus propítium,
Cor Maríæ Tutéla moriéntium,
Cor Maríæ in terris præfidium,
Cor Maríæ in Cœlis fpectáculum.
Propítius efto, Parce nobis Jefu.
Propítius efto, Exaudi nos Jefu.
Per Cor amantíssimum Matris tuæ,
Per profundíssimam ejus humilitátem,
Per ejus benignitátem,
Per ejus erga nos caritátem,
Per ardentíssimam ejus erga te dilectiónem
Per píissima illius desidéria,
Per amantíssima illius suspíria,
Per acerbíssimos illius dolóres,
Per æterna illius gáudia,
Agnus Dei, qui tollis peccáta mundi, Parce
    nobis, Dómine.
Agnus Dei, qui tollis peccáta mundi, Exaudi nos,
    Dómine
Agnus Dei, qui, &c. miserére nobis.

En arrivant à l'Oratoire, la porte-Croix & la premiere Acolyte se placent au côté droit, & la seconde Acolyte du côté gauche : les Sœurs viennent deux à deux, font leur inclination profonde, & se tournent en chœur ; l'Assistante & la plus ancienne de profession marchent immédiatement avant la Mere-Supérieure : la premiere, porte sur un plat d'argent le Livre des Constitutions & Réglemens ; & la deuxieme porte de même, les principales clefs de la Communauté. En entrant elles s'avancent proche de l'Oratoire & s'arrêtent. La Mere Supérieure (*lorsqu'elle passe au milieu des rangs, les deux Chœurs la saluent par une inclination grave.*) vient se placer au milieu & elles font ensemble une inclination profonde. Aussi-tôt la Mere Assistante qui est à la droite, présente les Constitutions & Réglemens à la Mere Supérieure. Elle les reçoit sur le plat & le pose sur l'Autel aux pieds de la Statue de la Sainte Vierge, elle y met pareillement les Clefs de la maison après qu'elle les a reçu de la Religieuse qui est à sa gauche. Puis elle est conduite à sa place, par la Mere Assistante & la Religieuse ancienne, qui se mettent ensuite à la leur, après lui avoir fait une inclination grave. On interrompt alors les Litanies pour chanter le Répons suivant.

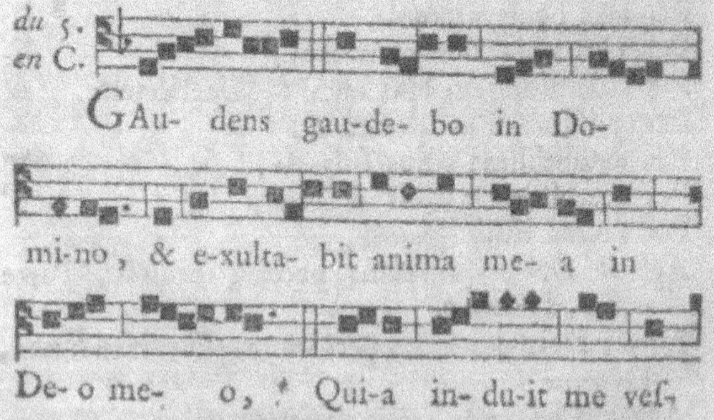

℣. Oblivífcere pópulum tuum & domum patris tui :

℟. Et concupífcet rex decórem tuum.

Orémus.

PReces noftras, quæfumus, Dómine, propitiátus intende ; & coæternus Spíritus fanctus tuus, qui beátæ Vírginis Mariæ vífcera fplendóre fuæ grátiæ replévit, nos ab omni facinore delictórum benignus emunder; Per Christum Dóminum nostrum. ℟. Amen.

La Mere-Supérieure ayant fini l'Oraison, quitte sa place, & va se mettre à genoux (*Toute la Communauté se met aussi-tôt à genoux.*) au pied de l'Oratoire, où elle fait à voix intelligible l'Acte de Consécration à la très-Sainte Vierge, en son nom & en celui de toute la Communauté.

Au Nom du Pere et du Fils et du Saint-Esprit.

SAinte Marie, Mere de Dieu, Vierge très-pure & immaculée, Reine des Anges & des hommes, refuge assuré des pécheurs, voici que je me prosterne à vos pieds avec toute cette Communauté d'Adoratrices Perpétuelles du Sacré-Cœur de Jesus: Je vous choisis, & vous reconnois aujourd'hui au nom de toutes, pour notre Souveraine Dame, pour notre chere Mere, & notre Avocate auprès de Dieu. Nous sçavons que vous êtes la Reine de l'Univers, & que toutes les Créatures qui sont au Ciel & en la Terre vous reconnoissent pour telle.

Cependant voulant, autant qu'il dépend de nous, étendre votre domination & augmenter le nombre de vos Servantes & de vos Enfans; Nous vous faisons ici de tout notre cœur, une offrande volontaire de nous mêmes; Nous nous dévouons & consacrons pour toujours à votre service; & si nous n'étions pas vos Servantes & vos Enfans, comme nous le sommes par tant de titres! nous protestons à la face du Ciel & de la Terre, que nous le deviendrions durant le tems & pendant toute l'éternité, en vertu de cette consécration que nous faisons à présent.

Oui, très-Sainte Vierge, c'est au nom de toute cette Communauté que je parle: daignez, Mere de miséricorde, nous recevoir toutes au nombre de vos Filles &

de vos Servantes. Daignez jetter vos yeux charitables sur moi & sur cette Communauté qui sera désormais la vôtre : Daignez en prendre soin, & la proteger dans tous les évenemens de cette vie. Donnez nous Vierge Sainte votre Bénédiction à toutes en général, & à chacune de nous en particulier.

Nous vous conjurons particulierement de ne pas souffrir qu'aucune de celles qui sont ici prosternées à vos pieds, se rende jamais indigne de votre protection & de vos graces. Assistez-nous dans tous nos besoins ; Secourez-nous dans tous les dangers ; Consolez nous dans nos afflictions, & rendez tous les jours plus ardente & plus tendre notre dévotion envers vous, & notre confiance plus ferme & plus constante : Protegez nous durant la vie, & surtout à l'heure de la mort.

Obtenez nous de votre Cher Fils, toutes les graces & faveurs qui sont les Saints ; Prenez nous sous votre protection spéciale dans les tentations ; Faites par votre puissante intercession que nous vivions dans l'innocence ; Obtenez nous à toutes la grace finale, afin que nous ayons le bonheur d'augmenter le nombre de vos Fideles Servantes, dans le séjour des bienheureux, par la miséricorde de Notre Seigneur Jesus-Christ. ℟. Ainsi soit-il.

Après cette consécration, les Choristes continuent les Litanies de la Sainte Vierge & la procession retourne au Chœur. En y entrant on chante le *Sub tuum præsidium.* page 34.

℣. Vultum tuum deprecabuntur.
℟. Omnes divites plebis.

Orémus.

OMnípotens sempiterne Deus, qui gloriósæ Vírginis matris Maríæ corpus & ánimam, ut dignum fílii tui habitáculum éffici mererétur, Spíritu sancto cooperante præparásti : da ut cujus commemoratióne lætámur, ejus piâ intercessióne, ab instántibus malis & à morte perpétua liberémur; Per eumdem Christum Dóminum nostrum. ℟. Amen.

LE SOIR.

LE soir à la fin du Salut & avant la Bénédiction du Très-Saint Sacrement, le Célébrant entonne le *Te Deum* page 58, que le Chœur & l'Orgue continuent alternativement. Ensuite le Célébrant chante ce qui suit.

℣. Benedicámus Patrem & Fílium cum sancto Spíritu.

℟. Laudémus & superexaltémus eum in sécula.

Orémus.

DEus, cujus misericórdiæ non est númerus, & bonitátis infínitus est thesáurus : piíssimæ majestáti tuæ pro collátis donis grátias ágimus, tuam semper cleméntiam exorantes ; ut qui peténtibus postuláta concédis, eosdem non déserens, ad præmia futúra dispónas ; Per Christum Dóminum nostrum. ℟. Amen.

CÉRÉMONIE

CONCERNANT

L'ADORATION PERPÉTUELLE

TOUS LES ANS.

LE premier Juillet, jour anniversaire de l'Institution de l'Adoration perpétuelle dans cette Maison, toute la Communauté reste au Chœur après Matines, jusqu'à dix heures.

Si M. le Supérieur, ou M. le Confesseur ne fait pas la Cérémonie du renouvellement de la consécration : à neuf heures, la Mere Supérieure ou à son défaut la Mere-Assistante s'avance jusqu'au communicatoire. Là au pied de la Torche perpétuelle, qu'elle touchera de la main, & la corde au col, elle renouvellera au nom de toutes, l'Acte de Consécration tel qu'il est imprimé : puis elle retournera à sa stalle continuer l'Adoration avec les autres.

Aux trois quarts : la Mere-Assistante ira au milieu du Chœur, faire l'amende honorable destinée pour l'anniversaire. Elle sera à genoux, la Corde au col & le Flambeau à la main.

Chacune achevera jusqu'à dix heures de se pénetrer des sentimens exprimés.

A dix heures s'ouvrira la premiere Veille à l'ordinaire ; mais celle-ci sera faite par la Mere-Supérieure ou l'Assistante, par une Sœur Vocale, une Sœur Converse, & une Sœur du Noviciat. Les deux premieres ouvriront l'heure de dix, les deux autres feront l'Amende honorable à onze heures, & une seule au nom des quatre lira d'une voix haute l'Amende honorable vers minuit.

Les autres veilles à l'ordinaire.

Le jour de la Visitation, le très-Saint Sacrement sera exposé toute la journée : & au Salut après l'amende honorable ordinaire, on chantera le *Te Deum* en actions de graces de l'Institution de l'adoration perpetuelle du Sacré-Cœur de Jesus. *page 58.*

TOUS LES JOURS.

POur les heures ordinaires d'Adoration on observera le Cérémonial suivant.

1°. Les deux Sœurs qui viennent d'adorer se rendront près le Communicatoire, & salueront ensemble le Très-Saint Sacrement ; puis elles feront leur Amende honorable, elles s'attendront pour saluer ensemble, ensuite elles se retireront à leur place.

A l'avant-quart pour terminer l'heure, elles s'avertiront pour se rendre au Communicatoire, elles y réitéreront leur salutation & Amende honorable & ne se releveront qu'au premier coup de l'heure.

Si une des deux, ou les deux même, qui doivent succéder n'étoient point présentes, celles qui viennent de finir leur heure, recommenceront l'Amende honorable, pour celles qui manquent ; ensuite, une des deux ira les avertir, & l'autre restera jusqu'à ce quelles soient venues ; celles ci en arrivant ne feront point l'Amende honorable, elles continueront simplement l'adoration ; & si à leur arrivée l'Amende honorable étoit commencée, elles n'interromperont point les Sœurs Adoratrices : elles la leur laisseront continuer, & se contenteront de s'unir à elles ; qu'elles sachent que pour n'être point en faute, elles doivent être présentes au premier moment de l'heure.

2° L'Adoration de six à sept heures du matin, ne sera point terminée par l'Amende honorable, si ce sont des Sœurs de Chœur qui la remplissent ; mais si ce sont des Sœurs Converses, elles la termineront comme il est prescrit ; & de même s'il n'y en avoit qu'une.

3°. L'Adoration de neuf heures du matin ne sera point terminée, les jours de grand'Messe, & celle de dix ne sera point commencée, quelque Sœur que ce soit, qui les remplisse. S'il arrivoit cependant, que la grand'Messe fut finie avant dix heures & un quart, on feroit alors l'Amende honorable ; mais s'il est le quart, on ne fera que celle qui doit terminer l'heure.

4°. Les Adoratrices, pour l'heure de midi, ne seront point tenues de se rendre précisément à l'heure surtout les jours de jeûnes auxquels l'Office est plus long ; les Adoratrices qui les précédent, après avoir terminé l'heure d'onze heures, ouvriront celle de midi, & la continueront jusqu'à ce que les Sœurs ayent fini leur repas. Les jours auxquels les Vêpres sont chantées & quand le Chapelet est à deux heures trois quart, on ne terminera point cette heure là par l'amende honorable, on n'ouvrira point celle de trois & on ne la terminera point, si la lecture publique conduit jusqu'à quatre heures ; il en sera de même les jours de Sermons & de Saluts pour les heures de quatre & de cinq, à moins de quelque intervalle entre ces exercices qui donneroit le tems de finir, ou de commencer les dites heures par l'Amende honorable.

5°. L'Adoration de six heures du soir, ne sera ouverte qu'après Complies, si ce sont des Sœurs de Chœur qui la doivent remplir ; mais si ce sont des Sœurs Converses, elles feront leur Amende honorable, à l'heure précise : s'il n'y en avoit qu'une, elle attendra la Sœur de Chœur.

6°. A six heures du matin, à midi & à sept heures du soir, on ne doit commencer l'Amende honorable, qu'après l'*Angelus* : & de même à trois heures, après l'Adoration de l'Agonie de Notre Seigneur.

CÉRÉMONIE

DE LA PRISE D'HABIT

DES SŒURS TOURRIERES.

LEs habits des Sœurs Tourrieres seront bénis la veille comme il est prescrit à l'article des vêtures, page 10.

La Mere-Supérieure ayant fixée le jour & l'heure d'une prise-d'Habit d'une Sœur Tourriere, les Sœurs du discrétoire s'assembleront chez elle. La Maîtresse des Novices y amenera la Postulante, & toutes se mettront à genoux. La Mere-Supérieure dira le *Veni sancte*, que les Sœurs continueront le ℣. *Emitte* & auquel elles répondront ; puis la Mere-Supérieure récitera l'Oraison, *Deus qui corda Fidelium*, cy dessus pag. 41. Ensuite toutes se levent, excepté la Postulante, que la Mere-Supérieure interroge comme il suit :

La Supér. D. Ma Fille ; Que demandez-vous ?

La Postul. R. Notre Mere, je demande d'avoir le bonheur d'être reçue pour Sœur Tourriere, afin de servir les Épouses de Jesus-Christ, & d'être admise au nombre de ses adoratrices perpétuelles.

La Mere-Supérieure lui dit quelques mots d'instruction, puis la fait lever, pour quitter ses Habits séculiers. Ensuite la Mere-Supérieure, aidée de la Maîtresse des Novices, la revêtira de l'Habit Régulier de Sœur Tourriere, lui faisant baiser chaque piece principale. [La Mere-Assistante & les Sœurs discrettes restent debout, à moins que la Mere-Supérieure, n'en fasse asseoir quelques-unes.]

Lorsqu'elle sera habillée elle se mettra à genoux

aux

aux pieds de la Mere-Supérieure, qui s'asseoira dans le moment, ainsi que toutes les autres Sœurs dis-crettes. La Mere-Supérieure lui attachera le Cha-pelet à la Ceinture, lui imposera le nom de Re-ligion, (ou lui confirmera celui qu'elle portoit étant Postulante,) ensuite elle lui présentera un pe-tit Crucifix en lui disant :

VOICI, ma Chere Fille, Jesus Crucifié : c'est lui qui désormais sera votre Époux ; lisez sans cesse dans ses plaies, & sur-tout dans celle de son cœur, l'immense charité qui le porte à vous combler de ses bienfaits. Ne mettez plus de bornes à votre amour, puisqu'il n'en met aucunes à ses bontés.

Ensuite elle le lui fait baiser, & lui passe au col en disant :

RECEVEZ le joug du Seigneur, son fardeau est doux & léger, & heureux sont ceux qui l'ont porté dès leur enfance.

La nouvelle Tourriere s'incline profondément ; puis elle baise la main de la Mére Supérieure, qui lui donne le baiser-de-Paix, en lui disant : " Ma » chere Fille, que la paix du Seigneur soit avec » vous ». Et elle la fait lever pour aller embrasser » la Mere Assistante, se mettant à genoux aupara-vant, mais sans lui baiser la main. L'Assistante, en lui donnant le baiser-de-Paix, lui dit les mêmes paroles, ainsi que sa Mere Maîtresse, qu'elle em-brasse avant toutes les Sœurs Discrettes : elle fera à chacune une inclination devant & après. (Celles-ci, en l'embrassant, disent : Ma chere Sœur, &c.) ce qui étant fini, toutes se mettront à genoux ; elles réciteront le *Sub tuum*, que la Mere Supérieure commencera, & elle bénira ensuite l'Assemblée.

Il est convenable que dans la même journée, le plutôt possible, elle soit amenée par sa Maîtresse à la Communauté, pour saluer & embrasser toutes les Sœurs.

F

CÉRÉMONIE
DE LA PROFESSION
DES SŒURS TOURRIERES.

LA Cérémonie de Profession d'une Sœur Tourriere se fera à la Messe de sept heures.

La Sœur Tourriere sera placée en face de la grille de la Communion ; il y aura un Cierge allumé au côté droit du guichet.

On chantera le *Veni, Creator*, avant la Messe, & trois fois la strophe *Monstra te esse matrem.*

Durant le *Veni, Creator*, le Célébrant bénira à voix basse l'Anneau & le Cœur qui seront placés sur l'Autel dans un plat d'argent.

Bénédiction de l'Anneau & du Cœur.

℣. Adjutórium † nostrum in nómine Dómini,

℟. Qui fecit cœlum & terram.

℣. Osténde nobis, Dómine, misericórdiam tuam.

℟. Et salutáre tuum da nobis.

℣. Dómine Deus virtútum converte nos.

℟. Et osténde fáciem tuam & salvi érimus.

℣. Dómine, exáudi oratiónem meam.

℟. Et clamor meus ad te véniat.

℣. Dóminus vobíscum, ℟. Et cum spíritu tuo.

Bénédiction de l'Anneau.
Orémus.

SPonsor Vírginum fidélis, súscipe deprecatiónes nostras & bénedic † déxterà tuá ánnulum istum, arrham fidei datæ sponsábus tuis, ut sit fámulæ tuæ in signum ætérnæ desponsatiónis ; qui vivis & regnas &c.

Bénédiction du Cœur.

Orémus.

DEus qui unigénitum tuum in similitúdinem hóminum fieri voluísti : hanc quæsumus divíni cordis ejus imáginem sancti † ficáre & bene † dícere dignéris, & concéde ut qui verbum incarnátum sub hac imágine adorámus, divíno exemplári dignis móribus conformes fieri mereámur, Per Christum Dóminum nostrum. ℟. Amen.

(Le Sacristain repasse aussi-tôt le plat à la Sœur Sacristine, qui le pose au côté gauche du guichet.)

Après cette Bénédiction, le Célébrant descendra au pied de l'Autel pour dire les Versets & Oraisons suivants :

(Les Chœurs se tiennent de bout, tournés vers la grille pendant les Versets & Oraisons)

℣. Emitte spíritum tuum & creabuntur.

℟. Et renovábis fáciem terræ.

℣. Ora pro ea sancta Dei génitrix ;

℟. Ut digna efficiátur promissiónibus Christi.

Orémus.

DEus qui corda Fidélium sancti Spíritûs illustratióne docuísti : da nobis in eodem Spíritu recta sápere & de ejus semper consolatióne gaudére ; Per Christum.

Orémus.

PRótege, Dómine, hanc fámulam tuam subsídiis pacis & beátæ Maríæ semper Vírginis patrocíniis confidentem perpétuâ defensióne conserva ; Per Christum Dóminum nostrum. ℟. Amen.

Après ces Oraisons, le célébrant commence la Messe, (qui est basse.)

A l'Offertoire, on chante une fois le *Suscipe.* p. 44.

A l'Elévation, on chante un petit Motet.

Après la Communion du Prêtre, la Mere Supérieure présente à la Sœur sa Carte de Profession ; elle la reçoit à genoux, puis elle se leve & s'approche de la grille en disant d'une voix intelligible :

VOTA mea Dómino reddam in conspectu omnis pópuli ejus, in átriis domus Dómini.

Ensuite elle s'agenouille, adore le très-Saint Sacrement, & prononce à haute voix la Formule de ses vœux.

AU NOM DU PERE, ET DU FILS, ET DU SAINT-ESPRIT, Ainsi soit-il.

MOI N. N. dite en Religion Sœur N. offre, dédie & consacre mon cœur & mon corps à Dieu sous la protection de la bienheureuse & immaculée Vierge Marie ma bonne Mere, de St. Joseph son chaste Époux, de Saint Augustin notre bienheureux Pere, & de Sainte-Aure Patrone de cette Maison, pour servir en qualité de Sœur Tourriere la divine Majesté & les Vierges qui se font consacrées à l'Adoration perpétuelle du Sacré-Cœur de Jesus, faisant à à cet effet Vœu d'Obéissance, de Chasteté & Oblation de ma personne pour toute ma vie, selon la Régle & constitution de ce Monastere, entre les mains de Messire N. N, & entre celles de notre Révérende Mere N. N. nos dignes Supérieures. En foi de quoi j'ai signé la présente Cédule de ma main dans la Chapelle & Communauté de Sainte-Aure, rue neuve Sainte-Génevieve, Faubourg Saint Marcel à Paris, le   l'an de notre Seigneur mil sept cent

La Mere Supérieure lui présente une plume, & elle signe son nom ; ensuite le Célébrant lui donne la sainte Communion, en disant :

Quod Deus in te incœpit, ipse perficiat, & Corpus Dómini noftri Jefu Chrifti, cuftódiat ánimam tuam in vitam æternam. ℞. Amen.

Après qu'elle a communié, elle retourne à fa place faire fon action de graces.

La Meffe étant finie, le Célébrant revient à la grille lui donner l'Anneau & le Cœur, comme il fuit :

La Mere-Supérieure préfente l'Anneau au Célébrant ; il le fait baifer à la nouvelle Profeffe, puis le remet fur le plat ; & tandis que la Mere-Supérieure le luit met au doit il dit :

L'Anneau.

EXhíbeas te Vírginem caftam & fponfam Chrifti fidélem, ut cum eo ambuláre & fedére in regno cœlefti meteáris. Per eumdem Chriftum Dóminum noftrum. ℞. Amen.

La Mere Supérieure préfente de même le Cœur ; le Célébrant le fait baifer à la Profeffe, & le remet fur le plat. La Mere Supérieure le lui attache, & à ce moment le Célébrant dit :

Le Cœur.

POnat cor fuum Dóminus, ut fignáculum fuper cor tuum, ut fignáculum fuper bráchium tuum : & memento quia fortis eft ut mors diléctio. ℞. Amen.

Enfuite le Célébrant bénit la nouvelle Profeffe en difant :

Benedíctio Dei omnipotentis Patris, & Fílii, & Spíritûs fancti, defcendat fuper te & máneat femper.

(*Elle s'incline profondément pour recevoir la bénédiction.*)

Aussi-tôt l'Orgue touche le premier Verset du *Magnificat*, que le Chœur continue alternativement: puis on continue l'Action de graces après les Suffrages ordinaires.

CANTIQUE.

Du en C.

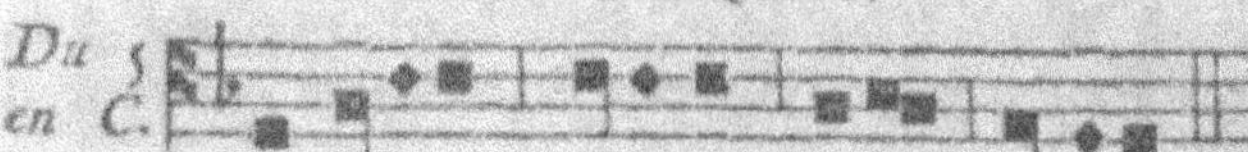

MAgnifi-cat * anima me- a Dominum.

Et exultávit spíritus meus * in Deo salutári meo ;

Quia respexit humilitátem ancillæ suæ : * ecce enim ex hoc beátam me dicent omnes generatiónes.

Quia fecit mihi magna qui potens est ; * & sanctum nomen ejus.

Et misericórdia ejus à progénie in progénies; * timéntibus eum.

Fecit poténtiam in bráchio suo : * dispersit superbos mente cordis sui.

Depósuit potentes de sede * & exaltávit húmiles.

Esuriéntes implévit bonis , * & dívites dimísit inánes.

Suscépit Israel púerum suum , * recordátus misericórdiæ suæ.

Sicut locútus est ad patres nostros , * Abraham, & sémini ejus in sécula.

Après le signal pour sortir, toute la Communauté reste dans l'avant-Chœur. La Sœur y arrive la derniere , accompagnée de la Mere Supérieure , dont elle baise la main , étant à genoux : puis elle l'embrasse , ainsi que la Mere Assistante , & toutes les Sœurs par rang de profession.

CÉRÉMONIE

DE L'ENTRÉE

DE M. LE SUPÉRIEUR

Pour sa Visite Annuelle.

L'Heure de l'entrée de M. le Supérieur étant indiquée, la Communauté s'assemblera au Chœur : toutes les Religieuses prendront leurs Manteaux & se rendront en ordre de Procession, comme il est marqué *page* 3, à la porte Conventuelle.

Lorsque M. le Supérieur aura fait la visite du tour extérieur, il frappera à la porte, qui lui sera ouverte à l'instant : & il entrera accompagné de M. le Confesseur. Toute la Communauté les saluera par une inclination profonde, puis se remettra en marche pour retourner au Chœur ; ils y seront conduits par la Mere Supérieure, la Mere Assistante, la Sœur Dépositaire & la premiere Portiere.

Dès l'instant que M. le Supérieur & son Assistant seront entrés dans la Clôture, deux Sœurs Choristes entonneront le Pseaume *Quam dilecta*, comme ci-dessus, *page* 37.

℣. Ostende nobis, Dómine, misericórdiam tuam

℟. Et salutáre tuum da nobis.

Orémus.

DEus humílium visitátor, qui eos paternâ dilectióne consoláris ; præende societáti nostræ grátiam tuam, ut per eos in quibus hábitas tuum in nobis sentiámus adventum : Per Christum Dóminum nostrum.

℟. Amen.

Ensuite toutes les Sœurs se retireront dans leur emploi, & M. le Supérieur continuera sa visite accompagné des quatre Religieuses nommées ci-dessus.

Fin du Cérémonial.

NOTES.

1°. *LE* Suscipe de la page 44 , doit se répéter jusqu'à trois fois. A la deuxiéme fois , c'est le Chœur qui le chante.

2°. Le Renouvellement des Vœux est précédé d'une Retraite , qui commence toujours le 16 , à 4. h. du soir : & depuis ce temps , il n'y a point de récréation , jusqu'au 21 au soir exclusivement.

3°. L'Arrangement des Stalles pour les Cérémonies , indiqué page 13 s'observera ainsi : Les 4. Stalles du fond de chaque côté de la Mere-Supérieure & de la Mere Assistante , seront toujours remplies par les anciennes. Les Demoiselles Pensionnaires , soit en classe , soit en chambre , ou Dames étrangeres , occuperont les côtés d'enhaut. Les 4. Stalles d'enbas de chaque côté , sont destinées , suivant leur rang de Profession , à celles qui chantent. Le reste suivant le rang d'ancienneté.

4°. Page 78 , ligne 9 , effacez le D. ou bien suppléez , Pour adorer.

5°. A la page 42 , il n'est point nécessaire que les Sœurs Sacristines prennent les Cierges de la Mere-Supérieure & de la Mere Assistante , puisqu'elles ont un Chandelier près d'elles pour les déposer ; mais il auroit fallu expliquer, qu'au Pater de la Messe , elles rendront les Cierges aux Sœurs , en commençant , l'une par la plus ancienne du côté droit , & l'autre de même du côté gauche : que les deux premiers Cierges seront allumés ; afin que sans désordre , cette lumiere se communique de l'une à l'autre.

CÉRÉMONIAL

DU CHŒUR;

POUR LES RELIGIEUSES DE Ste. AURE;

ADORATRICES PERPÉTUELLES

DU SACRÉ CŒUR DE JÉSUS.

A PARIS,

De l'Imprimerie de Cl. SIMON, Imprimeur-
Libraire de Monseigneur l'Archevêque de
Paris, rue Saint-Jaques, près S Yves.

M. DCC. LXXXII.

TABLEAU
DES GRAND'MESSES
SALUTS, ET INDULGENCES.

GRAND'MESSES.

1. Tous les premiers Vendredis du Mois.

2. Aux Fêtes de N. S. savoir,
L'Epiphanie.
Pâques.
L'Ascension.
Le Saint Sacrement.
Le Sacré Cœur, ainsi que le jour de l'Octave & le Dimanche dans l'Octave.
Noël.

3. La Pentecôte.
La Trinité.
La Toussaint.

4. Aux Fêtes de la Sainte-Vierge, savoir.
La Purification.
Le Cœur de Marie.
L'Annonciation.
L'Assomption.
La Nativité.
L'Immaculée Conception.

5. Aux Fêtes de
Saint Joseph.
Saint Augustin.
Sainte-Aure.
Saint Denis.
Saint Jean l'Evangéliste.

6. Le jour des Morts & le jour de l'Octave pour nos Sœurs défuntes.

Item, *Tous les Mois un Obit, pour feu Monsieur de* TOURNY.

SALUTS.

Il y a Salut, tous les jours de Grand'Messe, lors même que l'Exposition n'a point précédé.
du Saint Sacrement &
du Sacré-Cœur.
Tous les premiers Dimanches du Mois.

ET DE PLUS:

1. Tous les Vendredis de l'Année.
Le jour de la Circoncision.
Les trois jours gras.
Tous les jours des Octaves.

2. Aux Fêtes
De la Compassion.
De la Visitation & de la Présentation.

3. Les jours de
Saint Jean Baptiste.
Saint Pierre & S. Paul.
Saint Louis.
Sainte-Marthe.
Saint Étienne.
A la Fête de Monseigneur.

4. Salut de la Croix & de la Sainte Épine.
Le 3. Mai.
Le 11. Août.
Le 14. Septembre.

N. B. *Tous les Dimanches & Fêtes où il n'y a point Grand'Messe, on en dit une à 9. h. à laquelle assiste toute la Communauté, ainsi que le jour de la Visitation & de la Présentation de Marie.*

INDULGENCES.

Pour tous les Fideles.

1. TOus les Vendredis.
2. Chaque jour de l'Octave du Sacré Cœur.

3. Le 8 Février.
Le 20 Avril.
Le 5 Octobre.
Le 27 Décembre.

Pour les Perfonnes de la Maifon feulement :

Le jour de Noël.
De Pâques
De la Pentecôte.

De la Touffaint.
De la Purification.
Et de l'Affomption.

Pour toutes les Perfonnes de la Maifon également ,

L'Indulgence à l'article de la Mort qui doit être appliquée par M. le Supérieur ou M. le Confeffeur ordinaire

de la Maifon.
Indulgence Plénière auffi tous les Lundis à l'Autel privilégié.

PAR ASSOCIATION

A l'Adoration Perpétuelle de Liége.

1. TOus les Mois un jour à fon choix.
2. L'Epiphanie.
Le Jeudi Saint.
L'Afcenfion.
Le 17 Septembre.
3. Le premier Dimanche de l'Avent.

Le premier Dimanche de Carême.
Le premier Dimanche de Mai.
Le Dimanche dans l'Octave du Saint Sacrement.
Le Dimanche dans l'Octave de la Touffaint.

PAR COMMUNICATION

De l'Affociation au Cœur de Marie.

1. Le 15 Février.
Le 21 Juin.
Le 21 Novembre.

2. Deux fois chaque Mois aux jours qu'on choifira.

TABLE
DES JOURS D'OFFICES.

POUR LA M. SUPÉRIEURE.	POUR LA M. ASSISTANTE.
La Circoncifion.	TOus les premiers Vendredis du Mois.
L'Épiphanie.	Le Lundi de Pâques.
La Purification.	La Quafimodo.
Le Cœur de Marie.	Le Lundi de la Pentecôte.
L'Annonciation.	La Trinité.
Le Mercredi Saint.	Le Dimanche dans l'Octave du Saint Sacrement.
Depuis les premieres Vêpres jufqu'aux Complies du Saint Jour de Pâques.	Le Dimanche, & le jour de l'Octave du Sacré Cœur.
Saint Jofeph.	Saint Jean Baptifte.
L'Afcenfion.	Saint Pierre & Saint Paul.
La Pentecôte.	Le Dimanche dans l'Octave de l'Affomption & de la Nativité.
La Fête-Dieu.	Le Dimanche dans l'Octave de Sainte-Aure.
Le Sacré-Cœur de Jéfus.	Saint Denis.
La Vifitation.	Saint Étienne.
L'Affomption.	Et le Dimanche dans l'Octave de Noël.
Saint Auguftin.	*Tous les autres Offices font remplis par la Sœur Hebdomadaire, dans tout le cours de l'Année.*
La Nativité de Marie.	
Sainte-Aure.	
La Touffaint.	
Les Morts.	
La Préfentation.	
L'Immaculée Conception.	
Noël.	
Saint Jean.	

N. B. *La Supérieure Abfente, eft remplacée par l'Affiftante ; & l'Affiftante par l'Hebdomadaire.*

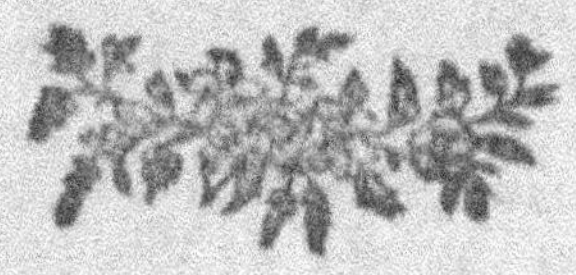

CÉRÉMONIAL
DU CHŒUR.

CÉRÉMONIES
GÉNÉRALES.

LEs Religieuses de STE. AURE, pour se rendre dignes de l'auguste prérogative d'*Adoratrices perpétuelles* du Sacré-Cœur de JESUS, & pour mériter la protection de la Reine des Vierges, l'Immaculée Mere de Dieu, au culte de laquelle elles sont spécialement consacrées par celui qu'elles rendent au Sacré-Cœur de son divin Fils; réciteront tous les jours avec fidélité l'Office complet du Bréviaire composé à leur usage, & approuvé pour elles par Monseigneur CHRISTOPHE DE BEAUMONT, Archevêque de Paris. Comme il est important d'éviter la confusion dans la récitation de leur Office, elles consulteront exactement les Rubriques de leur Bréviaire & le Bref du Diocèse, dont il y aura toujours un Exemplaire au Chœur, un au Noviciat, & un au Secrétariat, pour que celui-ci puisse être plus facilement présenté à la Communauté en cas de besoin : celui du Chœur doit y rester toujours.

* G

L'Office Divin se dira toujours au Chœur, à moins qu'il n'y ait quelque empêchement. *Les Adoratrices même se réuniront aux autres pour l'Office.* Pour se rendre avec exactitude aux différents exercices du Chœur, comme Messes, Offices, Saluts, &c. les Sœurs s'y disposeront dès l'avant-quart qui précédera le dernier coup de chaque Office, afin de partir toutes dès le premier son de la cloche pour se rendre à l'avant-Chœur, y prendre leurs manteaux, s'il en est besoin, & attendre avec recueillement le signal pour l'entrée du Chœur. (Ce signal est donné dès que la cloche commence à tinter).

De l'Entrée au Chœur & de la Sortie.

Dès que le signal aura été donné par la Mere-Supérieure, ou celle qui préside, toutes entreront dans l'ordre suivant, ayant leur scapulaire & leurs manches rabbatus.

Les Postulantes entrent les premieres, s'avancent posément & deux à deux au milieu du Chœur, où elles s'arrêtent pour y faire une profonde révérence au très-saint Sacrement ; puis se retournant en dedans vers la Mere-Supérieure, elles lui en font une seconde, & vont ensuite prendre leurs places, l'une à droite & l'autre à gauche.

Les Novices les suivent immédiatement, font deux à deux une profonde inclination au saint Sacrement, se retournent également vers la Mere-Supérieure, & lui en font une grave ; puis elles se saluent elles-mêmes par une inclination simple, & vont prendre leurs places.

Les Professes viennent de suite & font les mêmes inclinations ; la Mere Assistante entre seule après elles, & fait une inclination profonde au très-saint Sacrement. Dès que la cloche a fini de tinter, [ou que le sable de cinq minutes est écoulé] la Mere-Supérieure, ou autre qui préside,

commence la Priere *Aperi*, *Domine*, [ou le *Veni,
sancte*, si c'est un autre Exercice que celui de
l'Office, comme la Priere du matin, & le Chapelet
de l'après-midi, &c.] Ce sable de cinq minutes,
dont il est ici fait mention, n'est tourné au Chœur
pour la Priere du Matin, que depuis la Toussaint
inclusivement, jusqu'au jour de Pâques exclusivement. Car depuis Pâques jusqu'à la Toussaint,
la Priere étant sonnée à l'avant-quart pour cinq
heures, elle commence dès que cinq heures sonnent.

Lorsqu'une Religieuse arrivera tard à l'Office, &
que ce sera par sa faute, elle se mettra à genoux
au milieu du Chœur, baisera la terre & fera son
adoration, jusqu'à ce que la Mere-Supérieure, ou
en son absence la Mere Assistante lui fasse signe
de se lever. Mais si elle en a reçu la permission,
ou que sagement elle l'ait supposée, elle se levera
sans attendre aucun signe, après avoir baisé la
terre & fait son adoration; mais après l'Office,
elle rendra compte de son retard.

Lorsqu'elles s'absenteront du Chœur, [ce qu'elles
ne pourront faire sans une expresse permission de
la Mere-Supérieure] elles réciteront leur Office
en particulier; & lorsqu'elles pourront prévoir les
obstacles qui les empêcheroient de le dire aux heures marquées, elles agiront prudemment en le récitant d'avance. Car, comme dit très-bien Hugues
de Saint-Victor : » Prier avant le temps, c'est
» prudence; prier après l'heure, c'est négligence;
» & prier au temps prescrit, c'est obéissance «.
Elles ne pourront décemment réciter l'Office entier de suite; mais elles le partageront au moins
en deux parties. Le temps de la Messe n'est point
propre pour cela : [on entend parler de la Messe
de Communauté, ou de celle qu'elles entendent
pour remplir l'obligation d'y assister tous les jours].
Elles doivent employer des moments si précieux à
méditer sur le Sacrifice qui est offert pour leur
sanctification.

G 2

L'Office étant fini, & le signal de sortie ayant été donné, toutes se leveront. Les Postulantes sortiront les premieres, ensuite les Novices, & iront saluer le très saint Sacrement, comme il a été dit. Elles continueront de marcher jusque vers la stale de la Mere-Supérieure qu'elles salueront gravement en s'arrêtant ; & continuant de marcher, elles se salueront dans l'avant-Chœur, comme il leur a été prescrit pour le Chœur ; & de-là se retireront dans leurs obédiences. La Communauté sortira dans le même ordre, & les Professes quitteront leurs manteaux dans l'avant-Chœur.

On ne sauroit trop leur recommander la modestie au Chœur : elles sont dans le Sanctuaire du Seigneur & sous les yeux d'un Dieu terrible dans ses vengeances, qui, jaloux du culte qui lui est dû, venge tôt ou tard les affronts qu'on fait à sa grandeur. Elles sont destinées à réparer les outrages faits au Divin Cœur de Jesus : fut-il jamais motif plus puissant & plus capable de leur inspirer un souverain respect pour le S. Sacrement, & pour tout ce qui tend à l'honorer ?

Des différentes Inclinations.

C'EST particuliérement par ces marques de respect, qu'on rend à Dieu le culte extérieur qui lui est dû, & même que nous honorons les Puissances qui sont ses images, & nos Supérieurs qui nous tiennent sa place, étant revêtus de son autorité. On distingue trois sortes d'inclinations : les unes sont simples, les autres graves, & d'autres sont profondes.

Les Inclinations simples se font en baissant la tête & courbant un peu les épaules. On les fera toutes les fois qu'on prononcera les saints Noms de Jesus & de Marie, & des Saints dont on fera la mémoire. On observera de la faire un plus profonde au saint Nom de JESUS. A l'entrée & à la fortie du Chœur en fe faluant réciproquement : ce qu'on doit faire auffi toutes les fois qu'on s'approche pour fe parler, ou qu'on fe rencontre dans les Cloîtres.

Les Inclinations graves ne diffèrent des premieres, qu'en ce que dans celles-ci on courbe un peu plus les épaules & qu'elles fe font plus pofément. On fera ces Inclinations au commencement du deuxieme Verfet de chaque Pfeaume, après la lecture du Texte des Leçons de Matines. Toutes les fois qu'on adreffera la parole à une des trois Perfonnes de la Très-Sainte Trinité, au *Gloria Patri*; en concluant les grandes Oraifons *Per Dominum noſtrum Jeſum Chriſtum*, &c. En prononçant, *Monſtra te eſſe matrem*; aux Verfets du *Gloria in excelſis*, *Gratias agimus tibi*; *Adoramus te*; *Suſcipe deprecationem noſtram*. Au Verfet du Pfeaume 110, *Sanctum & terribile nomen ejus*. Au Verfet du Pfeaume 112, *Sit nomen Domini benedictum*; & du Pfeaume 113, *Non nobis*, *Domine*, *non nobis*. Au Verfet *Benedicamus Patrem & Filium*, & du Cantique *Benedicite omnia*. Et dans toutes les occaſions où l'uſage de la Communauté le requérera; comme en paſſant devant les Oratoires du Cloître, & toutes les fois qu'on rencontrera la Mere-Supérieure, ou qu'on l'approchera pour lui parler.

Les Inclinations profondes fe font en courbant entiérement le corps.

On s'inclinera ainfi lorfqu'on paſſera devant le Très-Saint Sacrement; à l'adoration de la vraie Croix; à fes différentes Fêtes, & à l'adoration de la fainte Couronne d'Epines. On s'inclinera de même en entrant & en fortant du Chœur; & en le traverfant pour aller au Pupitre, ou exercer les cérémonies, &c.

G 3

Des Génuflexions.

On distingue deux sortes de Génuflexions; celle qui est simple, & celle qui est entiere. La Génuflexion simple se fait du genouil droit, s'il se peut commodément, en courbant un peu le corps. Cette Génuflexion se fait dans les circonstances qui suivent :

A l'adoration de la vraie Croix, le Dimanche des Rameaux & le Vendredi-saint. Pour l'Office, à ces mots du Pseaume *Venite, exultemus; Adoremus & procidamus ante Deum.* A la Messe, à ces paroles du saint Evangile selon S. Jean, *Et Verbum caro,* &c. A celles-ci de l'Evangile de l'Epiphanie, *Et procidentes adoraverunt.* A celles de l'Evangile du Mercredi après le quatrieme Dimanche de Carême, *Et procidens adoravit eum;* & à ces mots, *Flectamus genua.*

La Génuflexion entiere se fait en mettant les deux genoux en terre, le reste du corps demeurant droit. On la fait à la Messe à ces mots du *Credo; Et incarnatus est,* jusqu'à *Crucifixus,* exclusivement. A la Messe du Saint-Esprit, lorsqu'on dit le ℣. *Veni, sancte Spiritus.* Au ℣. *Adjuva nos, Deus salutaris noster,* qui termine le Trait des Messes du Carême, se tournant vers l'Autel : ce qui se doit également observer dans les autres circonstances auxquelles on dit le *Domine, non secundùm.*

Des temps où le Chœur doit s'agenouiller, s'asseoir & se tenir debout.

On ne peut conserver l'ordre qui doit régner dans le Chœur sans une grande attention à s'agenouiller, s'asseoir & se tenir debout toutes ensemble dans les temps prescrits ci-après.

On est à genoux, tournées du côté de l'Autel,

au commencement de chaque Office en récitant
les prieres qui les précedent ; & de même à la fin
pour les prieres qui les terminent. Pendant la Messe,
ou au moins pendant l'Introït, la Consécration &
la Communion. Aux Saluts & Bénédictions du
Très-Saint Sacrement. A la Prose de l'Ascension,
depuis *Quos hìc orphanos deseris*, jusqu'à la fin.
A la Prose de l'Annonciation, depuis *O veritas latens*
jusqu'à la fin : à la Communion ; au *Verbum caro*
de la Messe. Aux quatre dernieres Strophes de la
Prose du Très-Saint Sacrement. A la Strophe,
O cor, jusqu'à la fin de la Prose du Sacré-Cœur
de Jesus. A la Strophe *Cœlites ô vos beati*, de
la Prose de la Toussaint. A la Strophe *O solemnis*
de la Prose de la Dédicace ; & à la derniere de la
Prose des Morts. A la Strophe du *Vexilla*, *O*
Crux ave : Et dans toutes autres Proses aux invocations, quand il y en a, qui sont marquées par
des Notes doubles qui désignent un chant plus lent
& plus grave.

On est à genoux aux Prieres fériales de l'Avent,
du Carême, des Vigiles & des Quatre-Temps.

Aux Antiennes majeures de la très-sainte Vierge
après l'Office, excepté le Samedi au soir, le Dimanche, le Temps Paschal, & toutes les Fêtes de
Notre-Seigneur.

On est a genoux, mais tournées en chœur, aux
sept Pseaumes du Mercredi des Cendres & du
Jeudi-saint, jusqu'après l'Absoute : de même quand
on les dit aux Enterrements. Aux Prieres de Laudes
& de Vêpres des trois derniers jours de la Semaine-
sainte ; & autres Heures pendant le *Miserere*, &
l'Oraison *Respice*, pendant lesquelles l'Officiante
même demeure à genoux. Hors de ces trois jours,
l'Officiante pendant les Prieres fériales est à genoux
tournée en chœur, jusqu'à la premiere Oraison de
l'Office, les autres demeurant à genoux tournées
vers l'Autel.

G 4

Debout, tournées vers l'Autel.

L'Officiante & les Chœurs sont debout, tournées vers l'Autel, au *Domine, labia ; Deus, in adjutorium.* A l'Invitatoire. Pendant le Pseaume *Venite* ; les Capitules, Versets & Oraisons. A la Consécration des Messes-basses qui se disent au maître-Autel pendant l'Office [*sans pour cela l'interrompre*]. Aux deux Evangiles de la Messe : au ℣. *Converte nos* des Complies. On est encore debout, tournées vers l'Autel, au ℣. *Te ergo, quæsumus, famulis tuis subveni, quos pretioso sanguine redemisti*, du Cantique *Te Deum*. A l'Hymne entiere *Veni, Creator*. A l'Hymne entiere *Ave, maris Stella*. A la Strophe *Hoc in templo* de l'Hymne de la Dédicace, *Angularis*. Aux mots, *Ora pro nobis Deum* du *Regina cœli*. Aux mots, *O benigna, &c.* de la Prose *Inviolata*. Aux Antiennes majeures de la Sainte Vierge après Laudes & Complies, pendant le temps Paschal. Après Complies du Samedi, jusqu'après Complies du Dimanche pendant toute l'année, & à toutes les Fêtes de Notre-Seigneur. On est tourné vers celui qui lit l'Evangile à la Messe, & vers la Lectrice pendant les Leçons de l'Evangile, jusqu'à *Et reliqua*. A *Suscipe deprecationem nostram*, du *Gloria in excelsis*. A *Gloria tibi, Domine*, avant l'Evangile. A *Dignum & justum est* de la Préface. A la seconde Elévation du Corps de Notre-Seigneur. Lorsqu'on ôte le Saint-Sacrement du Tabernacle, ou qu'on l'y remet. Pendant qu'on donne la Communion.

Debout & en face.

LES Chœurs sont debout & en face pendant les Antiennes, Hymnes, Absolutions & Bénédictions des Matines ; pendant les Cantiques *Te Deum, Benedictus, Magnificat, Nunc dimittis* ; au *Credo*, & à la Préface.

On est assis.

PENDANT tous les Pſeaumes, depuis le ſecond Verſet incluſivement juſqu'à la Médiante du dernier Verſet, on ſe leve pour faire toutes enſemble l'inclination au *Gloria Patri.* Pendant les Leçons de Matines, excepté le Texte de l'Evangile qui précede l'Homélie des grands Offices. Pendant les Répons juſqu'au *Gloria Patri*, excluſivement; mais aux Annuels on ne ſe leve que pour le *Gloria Patri* du dernier Répons de chaque Nocturne. A la Meſſe, pendant les Prophéties, l'Epître, le Graduel, l'*Alleluia* avec ſon Verſet, le Trait & la Proſe; pendant le *Gloria in excelſis*, & le *Credo* des Grand'Meſſes. Pendant le Lavement des pieds le Jeudi-ſaint: Et autres circonſtances marquées ci-deſſus au Cérémonial des Vêtures & Profeſſions.

Du Signe de la Croix.

ON fait le Signe de la Croix au commencement de chaque Office, en diſant le ℣. *Deus, in adjutorium.* [Même aux jours auxquels on ne le dit point, comme dans les derniers jours de la Semaine-ſainte]. Au ℣. *Domine, labia, &c.* On fait le Signe de la Croix ſur les levres, ainſi qu'aux deux Evangiles de la Meſſe; on le fait trois fois, ſavoir, ſur le front, ſur les levres & ſur le cœur.

On fait le Signe de la Croix au ℣. *Adjutorium noſtrum*, & après le *Confiteor* lorſqu'on dit *Indulgentiam.* On fait un Signe de Croix avec le pouce ſur le cœur au *Converte nos.*

Lorſque la Mere-Supérieure ou la Mere-Aſſiſtante donnent la bénédiction au Chœur, &c. elles doivent avoir la main gauche ſur la poitrine, & bénir de la main droite en allant de gauche à droite.

De la Pſalmodie.

LA Pſalmodie n'eſt autre choſe qu'un Chant peu élevé ſur un ton droit. Soit que les Religieuſes pſalmodient ou chantent l'Office, elles garderont exactement les Médiantes [*intervalle au milieu d'un Verſet*], les Pauſes [*intervalle au milieu de deux Verſets*], & les petits repos [*intervalles aux points & virgules*], & prononceront clairement & diſtinctement toutes enſemble, de maniere qu'elles ſemblent de pluſieurs voix n'en faire qu'une. Elles ne forceront point leurs voix, mais prononceront d'un ton ferme & éviteront les longues traînées à la fin des mots. Une Pſalmodie mal ordonnee, & deſtituée des regles qu'on vient de preſcrire, eſt, ſelon l'expreſſion de Sainte Thérèſe, un corps ſans nerfs, ſans force & ſans agrément, qui ne preſente qu'un aſpect hideux.

On pſalmodiera toutes les Heures Canoniales de l'Office, tous les jours de l'année ſans excepter les Fêtes de quelque degré qu'elles ſoient.

Du Chant.

On ne ſe relâchera que très-difficilement ſur l'uſage de chanter les Meſſes des Fêtes annuelles & grands-ſolemnels de Notre-Seigneur & de la très-ſainte Vierge. Les Meſſes des autres Fêtes de même rit, tant du Propre du Temps que du Propre des Saints, & des Fêtes de la Maiſon & la Meſſe du Sacré-Cœur de Jeſus, le premier Vendredi de chaque mois. S'il tombe une Fête qui ſoit du degré Double-mineur, celui du Cœur de Jeſus, quoique du même, l'emportera comme le plus digne, pour la Grand'Meſſe ſeulement : les Meſſes-baſſes feront de la Fête du jour, avec mémoire du Sacré-Cœur. Si c'eſt une Fête double-majeure de Notre-Seigneur ou de la Croix, ou de la Sainte V on en chantera la Meſſe; mais dans l'une & l'autre de ces circonſtances, les Vêpres ſeront toujours chantées du Sacré-Cœur, ſelon la rubrique du Bréviaire.

Dans le cours des Octaves de Pâques & de la Pentecôte, c'eſt la Meſſe du Vendredi de ces Octaves qu'il faut chanter, ainſi que les Vêpres. Dans les Octaves des grands-Solemnels de Notre-Seigneur, c'eſt la Meſſe du jour de ladite Fête, qu'il faut chanter; & les Vêpres comme au jour de la Fête.

S'il arrivoit qu'une Sœur chargée d'entonner les Pſeaumes, vînt à en commencer un pour un autre, le Chœur le continuera pour cacher cette mépriſe, & l'autre Choriſte entonnera celui qui avoit été oublié. Il importe extrêmement d'éviter ces fautes; elles annoncent une vraie négligence dans le ſervice de Dieu, & malheur à celles qui font l'œuvre de Dieu négligemment!

On obſervera de chanter d'un ton plus élevé aux Fêtes ſolemnelles, de maniere cependant à ne pas fatiguer les voix.

A L'ASPERSION
DE L'EAU-BÉNITE.

PENDANT L'ANNÉE.

Le Célébrant bénit l'Eau dans la Sacristie un peu avant le dernier coup de la Messe de neuf heures, afin que dès qu'elle sera tintée, il puisse au pied de l'Autel entonner l'Asperges comme il suit :

S'il en eſt beſoin, on répete l'Antienne *Aſperges* juſqu'au Pſeaume.

[Aux Dimanches de la Paſſion & des Rameaux, on ne dit point *Gloria Patri*; mais après le Pſeaume on répete l'Antienne.

Le Célébrant préſente à la Grille le Goupillon à la Mere-Supérieure , qui donne l'Eau-benite au Chœur ; elle le rend enſuite au Prêtre qui bénit le peuple.

L'Aſperſion étant finie , le Prêtre dit abſolument l'Oraiſon.

Orémus.

Exaudi nos, Dómine sancte, Pater omnípotens, æterne Deus; & míttere dignéris sanctum Angelum tuum de cœlis, qui custódiat, fóveat, prótegat, vísitet, atque defendat omnes congregátos in hoc sancto Templo tuo; Per Christum Dóminum nostrum. ℟. Amen.

AU TEMPS PASCHAL.

Le Célébrant entonne l'Antienne suivante.

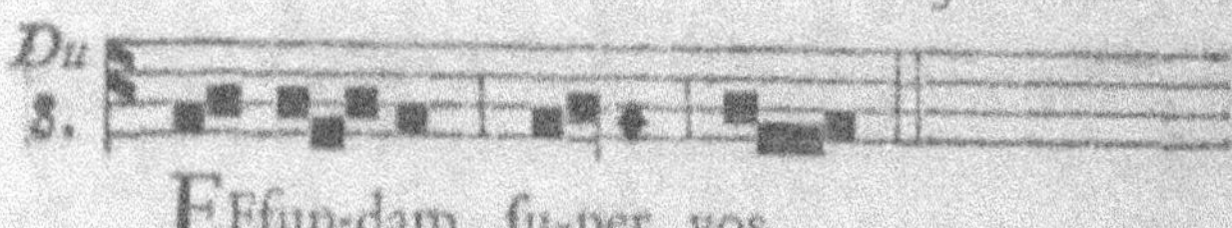

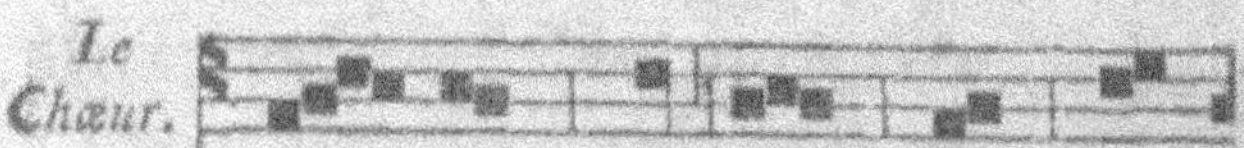

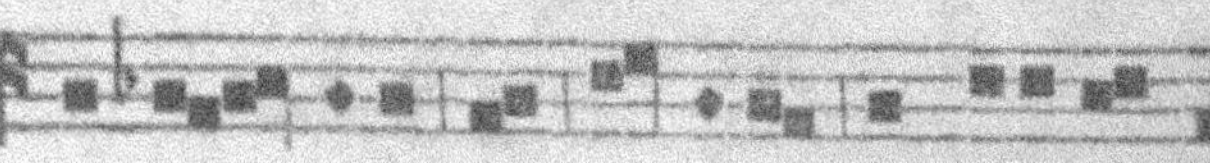

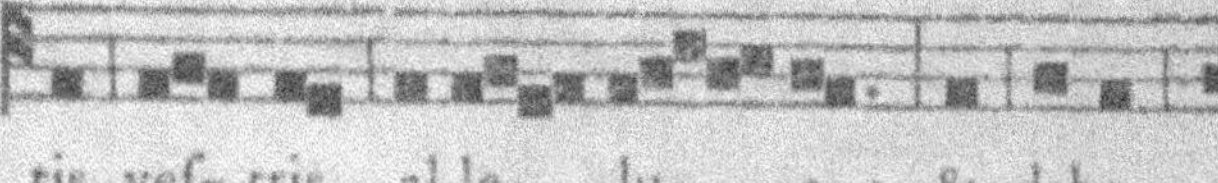

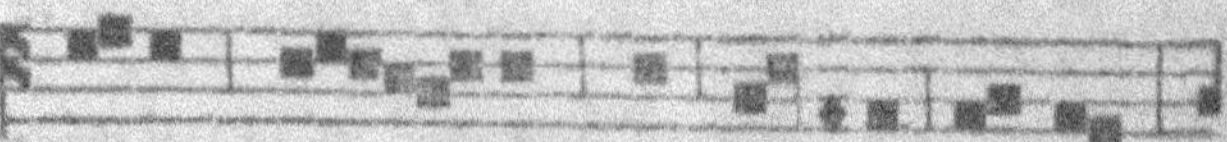

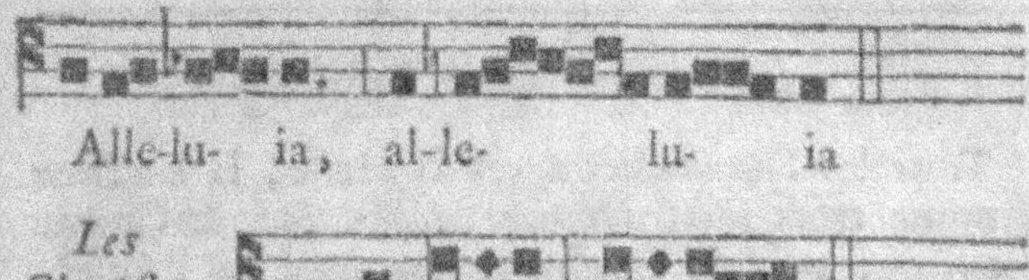

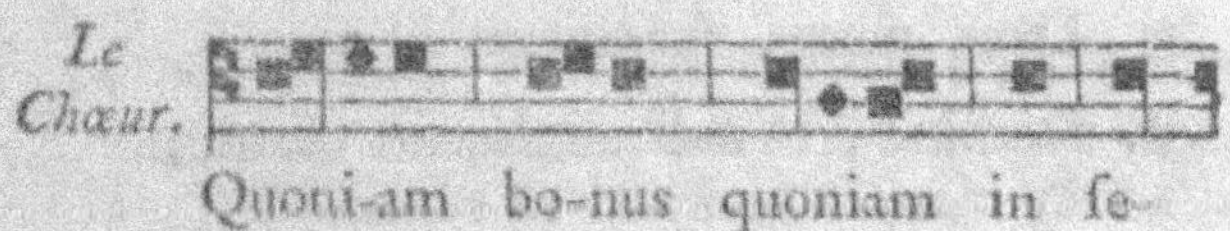

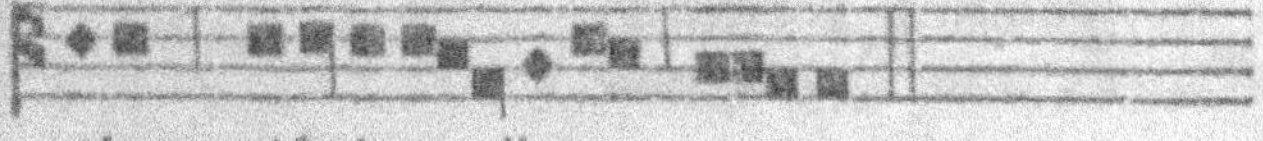

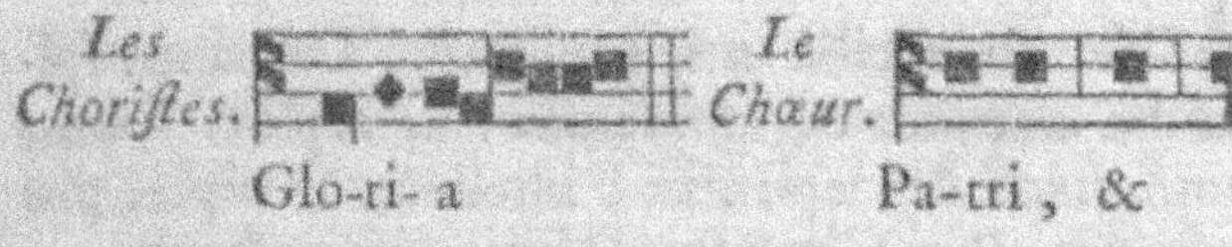

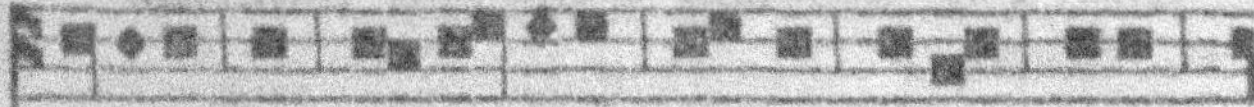

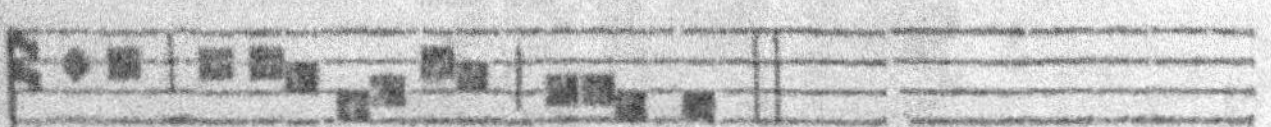

cula ſecu-lo- rum A- men.

S'il en eſt beſoin, on répete l'Antienne *Effundam* juſqu'au Pſeaume.

Le Célébrant, OREMUS, *Exaudi nos*, ci-deſſus, page 110.

Bénédiction de la Lectrice.

Tous les Dimanches après la Messe, la Lectrice entonne trois fois, *Domine, labia.* &c. le Chœur poursuit, puis le Celébrant, au pied de l'Autel, chante :

℣ Salvam fac ancillam tuam ;
℟. Deus meus, sperantem in te.

℣. Dómine, exaudi oratiónem meam,
℟. Et clamor meus ad te véniat.

℣. Dóminus vobiscum,
℟. Et cum spíritu tuo.

Orémus.

AUfer ab ancillâ tuâ quæsumus, Dómine, spíritum elatiónis & ignorántiæ, ut repléta spíritu humilitátis & sapiéntiæ, intellectum cápiat piæ lectiónis. Per Christum Dóminum nostrum.
℟. Amen.

PROPRE
DU TEMPS.

Ce saint temps étant particuliérement destiné à préparer les Chrétiens à la Naissance de Jesus-Christ, pour entrer dans l'esprit de l'Eglise qui soupire après la venue de son divin Epoux, on chantera dès le premier Dimanche de l'Avent jusqu'au 24 Décembre inclusivement le *Rorate*, comme ci-dessous.

On le commence après le *Sanctus*, il est répété trois fois; il tient lieu de la strophe *O salutaris*, qui n'est chanté, dans le temps de l'Avent, qu'aux jours auxquels on ne dit point la Messe de la Férie.

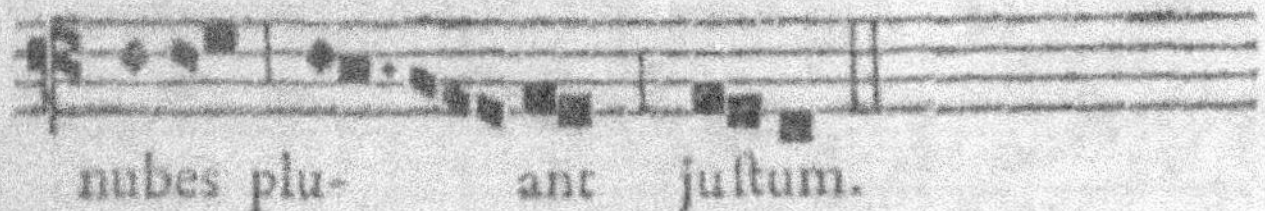

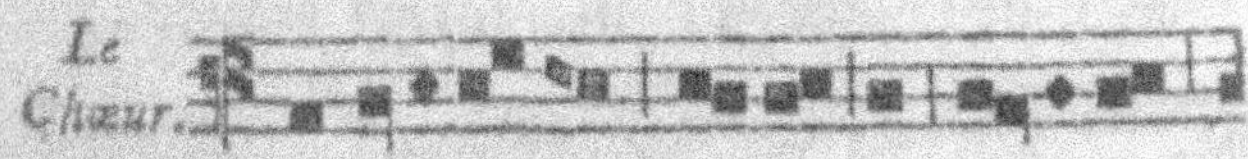

* H

GRANDES ANTIENNES.

Le XV. Décembre.

Dès ce jour commencent les grandes Antiennes *O.* Nous les difons en la maniere preſcrite au Bréviaire, & ne chantons que les *O* qui tombent le Dimanche.

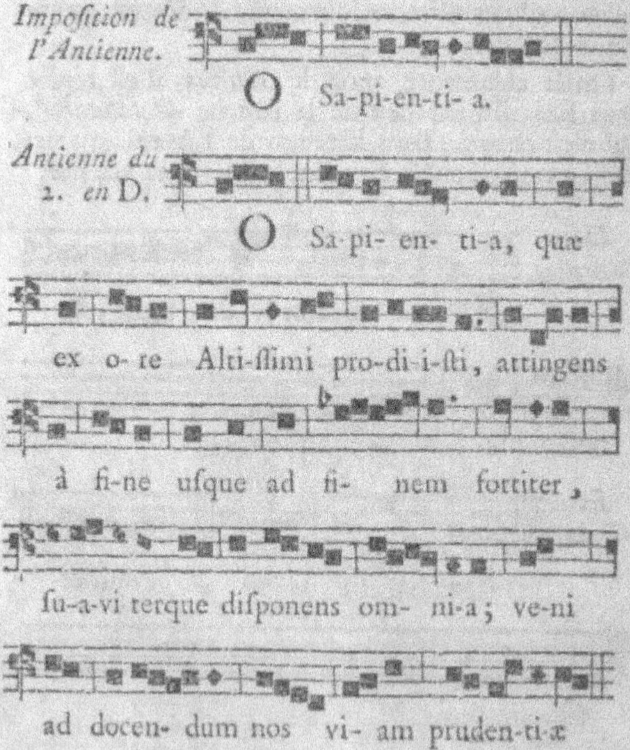

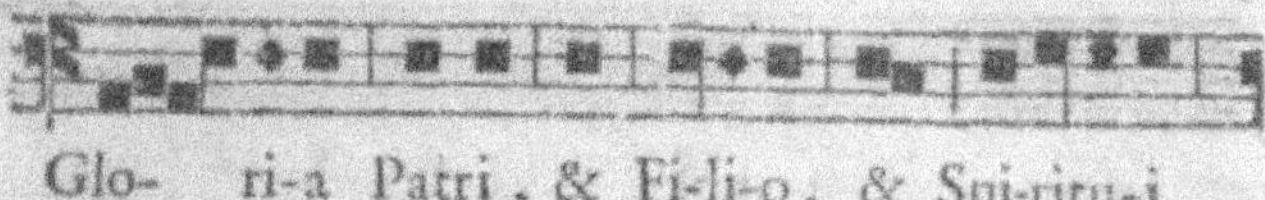

Ici on chante l'*O* pour la seconde fois, mais sans intonation.

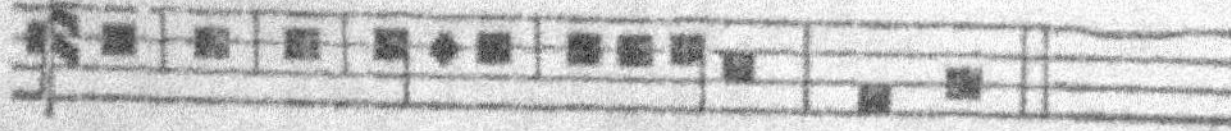

Ici l'*O* pour la troisieme en le commençant par la premiere intonation, ensuite, le ℣. & l'Oraison, comme au Bréviaire.

Le XVI.
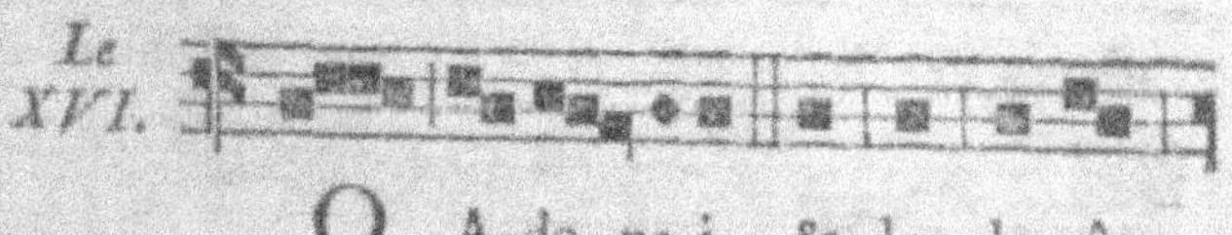

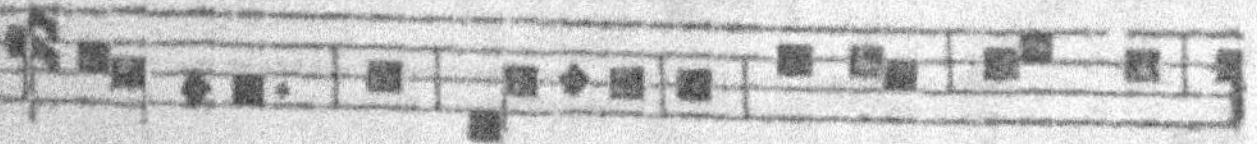

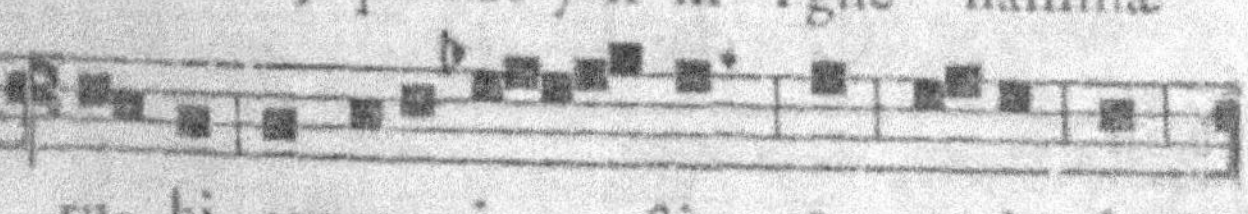

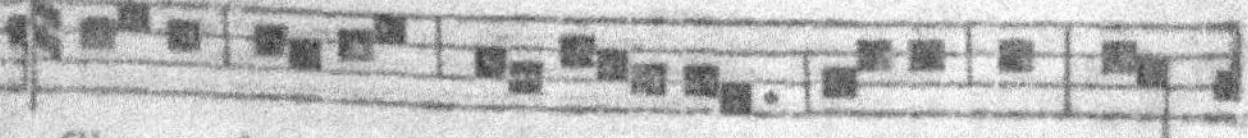

dimen- dum nos in bra-chi o ex
ten- to.
Le XVII.
O Ra-dix Jef-fe, qui ftas in
fi-gnum popu-lo-rum, fuper quem contine-
bunt re-ges os fu- um, quem Gentes
depre-ca- bun- tur; ve- ni ad re-dimen-
dum nos, jam no- li tar-da- re.
Le XVIII.
O cla- vis Da- vid, & fcep-
rrum do-mûs If- ra-el : qui a- peris, &
ne-mo clau- dit : claudis, & ne-mo

a- perit ; ve ni , & e- duc vinctum de
do- mo car- ceris , sedentem in te- ne-
bris & umbra mor- tis.
Le XIX.
O O- ri-ens , splendor lucis
æ-ter- næ, & Sol ju- sti- ti-æ ; veni , & il-lu-mi-na sedentes in te- ne-
bris & umbra mor- tis.
Le XX.
O sancte sancto-rum , speculum
si-ne ma- cula De- i ma-je-sta- tis ,

H 3

Le
XXI.

Le
XXII.

Le neuvieme *O* eft pour la premiere fois entoné par la Mere-Supérieure.

La premiere Chorifte étant venue près fa ftalle, lui en infinue le ton ; elle fait une inclination grave devant & après.

Il eft cependant à remarquer qu'on ne le chantera qu'autant qu'il tombera le Dimanche ou un Vendredi.

Le 25 Décembre.

LE S. JOUR DE NOEL.

ANNUEL.

LA veille, [il faut que la Sœur chargée de la direction des heures de l'Adoration perpétuelle, ait soin d'exposer au Chœur une petite note qui désigne deux Sœurs pour l'Adoration de huit à dix au soir, & pour le matin de cinq à sept], on sonnera le premier coup de Matines à dix heures moins un quart, le second à dix heures précises, le troisieme à dix heures un quart, & le dernier à la demie. La Priere du soir commencera dès qu'il sera tinté; & de suite Matines & Laudes qui seront psalmodiées, à l'exception du *Te Deum* qu'on chantera.

La Messe commencera à minuit précis : elle sera basse, & sera suivie des deux autres autant qu'il sera possible. A l'Elévation de la premiere, on chantera un Motet. A la seconde, on pourra ne rien chanter, cette Messe étant celle où toutes les Religieuses communient : & à la troisieme (qui sera celle d'action de graces) on chantera l'*O salutaris* ordinaire; mais à deux parties, s'il se peut. S'il y a des malades à l'infirmerie, elles pourront être administrées immédiatement après les trois Messes.

On dira à six heures du matin la Messe comme à l'ordinaire, les trois de suite; elles seront pour les Infirmes, Maîtresses des Classes & petites Pensionnaires, qui n'auront point assisté à la Messe de minuit.

L'*Angelus* sera sonné à sept heures précises ; ce sera le réveil pour la Communauté : mais indépendament de cela, on ira toujours frapper aux portes des Cellules. Le premier coup de l'Office sera sonné à sept heures un quart, & le dernier à sept heures & demie. A celui-ci, on se rendra au Chœur pour la Priere du matin, la Lecture d'un point de Méditation, & l'*Angelus* ; ensuite la récitation de Prime & Tierce. Après quoi la Mere-Supérieure donnera le signal pour sortir dans l'ordre ordinaire pour se rendre au Réfectoire.

La Grand'Messe à neuf heures : elles sera précédée de deux basses, celle-ci devant être la troisieme. Le reste de l'Office comme au Bréviaire.

AU SALUT.

On chante un Motet au Très-Saint Sacrement (s'il est possible) ou quelque chose de ce qui est indiqué ci-après au Commun des Saluts.

Ensuite on chante un Motet du Mystere ou la Prose, comme il suit :

PROSE.

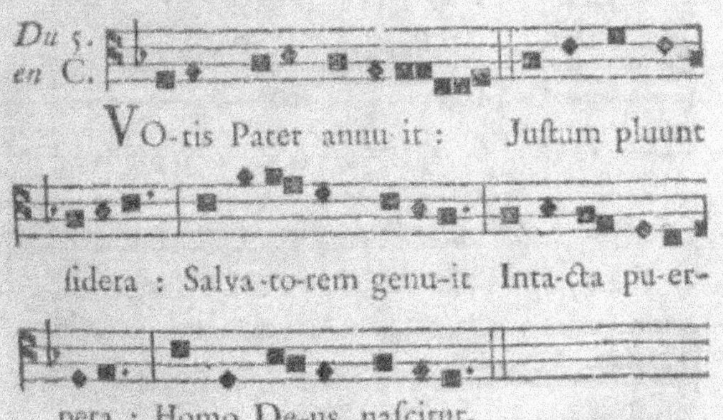

Superum concentibus Panditur mysteri-um :
Nos mix-ti pasto-ribus Cingamus præsepi-um
In quo Chri-stus sterni-tur.
Tu lumen de lu-mine An-te so-lem fun-
de-ris : Tu nu-men de numi-ne Ab æ-ter-
no gigneris, Patri par progeni-es.
TAntus es! & su-pe-ris, Quæ te premit ca-
ri-tas, Se-di-bus de-laberis : Ut surgat infir-
mitas, Infir-mus humi jaces.

QUæ no-cens de-bu- e-ram Inno-cens e-xe-
queris : Tu Le-gi quam spre veram, Legifer
sub-ji-ceris : Sic doces ju-sti-ti-am.
CŒLUM cu- i re- gi-a, Stabulum non res-
pu-is : Qui donas impe-ri- a, Ser-vi formam indu-is : Sic te-ris superbi-am.
NO-bis ultrò si-mi-lem Te præbes in om-
ni-bus ; Debi-li-bus de bi-lem , Morta-lem
morta-libus : His tra-his nos vinculis :

CUM ægris confun-deris , Mor-bi labem nef-
ci-ens : Pro pecca-to pa te ris Pec-ca-tum
non faci-ens : Hoc u-no di ssimi-lis.
SUMME Pa- ter , Fi-li-um Qui mit-tis ad ho-
minem Grati-æ principi-um , Salutis o-ri-
ginem , Da Je-sum cognof-cere.
CU-jus i-gne cœ-litùs Ca-ri-tas ac-cen-
ditur , Ades alme Spiri- tus : Qui pro nobis
naf-ci-tur , Da Je- fum di-ligere.
A-   men.

℣. Hìc eſt Deus, Deus noſter in æternum :
℞. Ipſe reget nos in ſécula.

Orémus.

DEus, qui reſtauratiónem conditiónis humánæ mirabíliùs operáris, quàm ſubſtántiam condidiſti : tríbue, quæſumus, ut ſimul perficiátur in nobis, & quod creávit Verbi tui divína generátio, & quod ejuſdem hóminis - facti glorióſa Natívitas reformávit ; Qui tecum vivit & regnat Deus.

L'Antienne à la Sainte Vierge ſelon le temps ou un Motet.

Le *Domine, ſalvum fac Regem, &c.* comme au Commun des Saluts.

Si cette Fête ſe rencontre un Vendredi, on termine le Salut par l'Amende honorable avant la Bénédiction du Très - Saint Sacrement ; mais on n'a point d'Antienne du Sacré-Cœur à chanter.

Complies à ſix heures, & Matines, &c. comme à l'ordinaire.

Ln 26 Décembre.

LA FÊTE
DE S. ÉTIENNE.

PETIT SOLEMNEL.

ON nommera pour ce jour-là deux Adoratrices pour l'heure de cinq à sept du matin, le lever de la Communauté ne devant être qu'à six heures, & c'est l'*Angelus* qui servira de réveil ; ensuite on ira frapper aux portes des Cellules. Au premier coup de l'Office, qui sera à six heures & demie, on se rendra au Chœur pour la Priere du matin, la Lecture d'un point de Méditation & l'*Angelus*. Aux trois quarts, on sonnera le dernier coup, & dès qu'il sera fini de tinter, on commencera l'Office de Prime, &c.

La Messe de neuf heures sera basse, & on y fera les Suffrages.

Le reste conformément à notre Bréviaire.

AU SALUT.

La seconde Antienne sera de Saint Etienne, comme il suit :

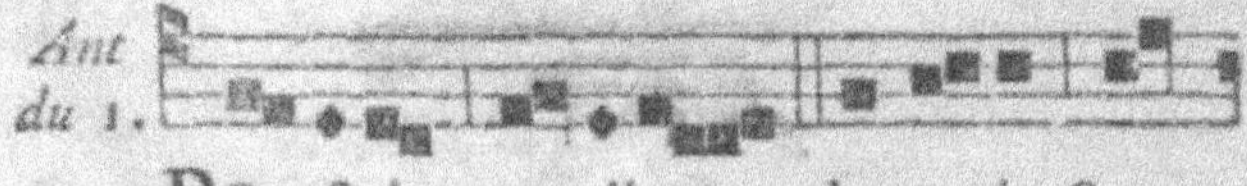

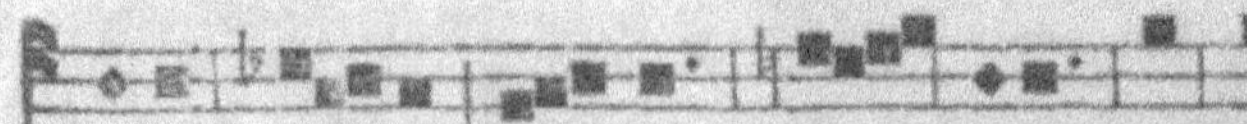

sta- tu-as il- lis hoc pec- ca- tum. Et cum

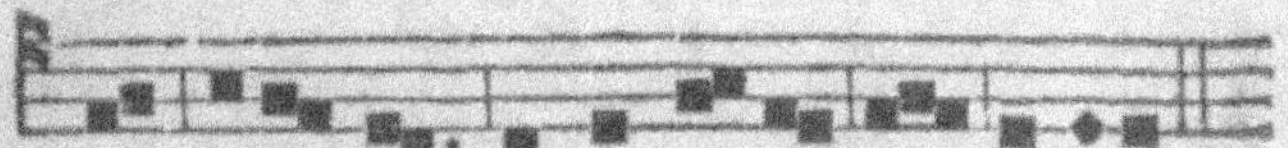

hoc dixif- fet obdormi- vit in Domino.

℣. Pofuifti, Dómine, fuper caput ejus corónam

℟. De lápide pretiófo.

Orémus.

OMnípotens, fempiterne Deus, qui primitias Mártyrum in beáti Levítæ Stéphani fánguine dedicáfti : tribue, quæfumus, ut pro nobis interceffor exíftat, qui pro fuis étiam perfecutóribus exorávit Dóminum noftrum Jefum Chriftum Filium tuum ; Qui tecum vivit & regnat Deus.

℟. Amen.

Le refle comme au Commun des Saluts.

Le 17 Décembre.

LA FÊTE
DE S. JEAN, APÔTRE
ET ÉVANGÉLISTE.
GRAND-SOLEMNEL.
On porte les Manteaux.

LA Bulle que le Souverain Pontife Benoît XIV.
a bien voulu nous accorder, attache à cette Fête,
ainsi qu'à celles de Saint Joseph, de Sainte Aure,
& au 8 Février, jour où nous célébrons la Fête du
Sacré-Cœur de Marie, sept années d'Indulgence &
autant de Quarantaines; & depuis la promotion du
Pape Pie VI., ce Souverain Pontife a daigné nous
accorder ces mêmes Indulgences plénières, mais
susceptibles d'être renouvellées tous les dix ans.

Nous avons Exposition du Très-Saint Sacrement
tout le jour.

AU SALUT.

*La seconde Antienne est de Saint Jean l'Evangé-
liste, soit par un Motet, ou l'Antienne suivante,
ou la Prose.*

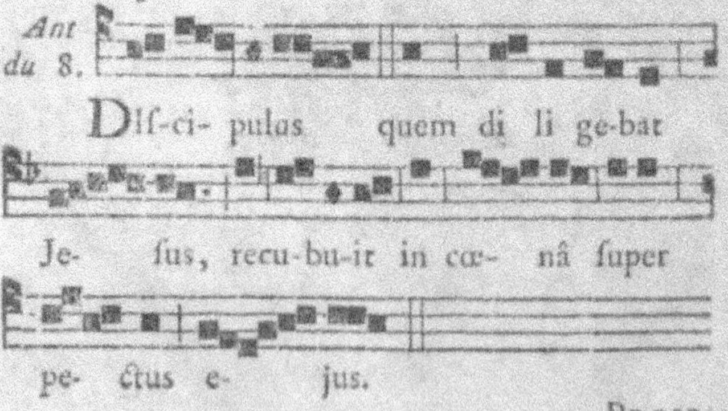

PROSE.

PROSE.

QUEM ad terras amor vexit,
Qui nos prior sic dilexit ;
   Redamári diligit.

  Hunc Joannes, das amórem :
Te præ cunctis amatórem
   Sibi Christus éligit.

  FORMAT amans redamantem ;
Mox amóre conflagrantem .
   Amat absque módulo.

  Quovis loco sequi datur ;
Cor dilecto reserátur
   Intimum discípulo.

  Ut vicissim ardet totus !
Ut pro Christo servet motus
   Filius tonítrui.

  Ambit propè consedére ;
Dulcis quies, inhærére
   Recumbentis sinui.

  Et ad crucem juvat stare :
Nec præsentem formidáre
   Sic necem diléctio.

  O quàm amat, quàm amátur ;
Cui María commendátur
   Novo mater filio.

  AD sepulcrum amor rapit :
Quem non videt, vivum sapit ;
   Amor citò crédulus.

  Ut aspexit, statim novit ;
Currit statim ut agnóvit,
   Stat ab aure péndulus.

* I

Igne novo suscitátus,
Non jam domi coarctátus,
 Tentat amor grándia.

Calix Christi nunc potátur;
Nunc pro Christo mors amátur,
 Et placent oppróbria.

Plebs, sacerdos, magistrátus,
Minæ, carcer, cruciátus,
 Non reddunt ancipitem.

Fervet intùs major ignis :
Quem ministras, hic est segnis ;
 Ungis, Roma, mílitem.

Ut pro Christi servitúte,
Sic & fratrum pro salúte
 Vitam velit pónere.

Suam nobis qui donávit,
Illis nostram mancipávit :
 Nefas nobis vívere.

Quas senectus vires aufert
Fratrum amor novas refert :
Vadem sese Pater offert
Ut vivat quem génuit.

Verba multa qui optátis ?
Alterutrum diligátis,
Cunctis Christus pro mandátis
Hoc sit unum vóluit.

Ut sublimis elevátur !
Sinum Patris perscrutátur ;
Verbum Dei contemplátur :
Quò non amor pénetrat.

Quid stes librum obsignátum ?
En dat agnus reserátum :
Te priórum finis vatum
Vatem suum cónsecrat.

Verbum vitæ, Deo natum,
Caro terris conversátum,
A Joanne nuntiátum,
Visum, haustum, contrectátum,
Mane nostris córdibus.

Te sectámur veritátem,
Te sitímus caritátem,
Lucis tuæ claritátem,
Tuæ pacis ubertátem
Da te diligéntibus.   Amen.

℣. Ecce tu, Dómine, veritátem dilexísti :

℟. Incerta & occulta sapiéntiæ tuæ manifestásti mihi.

Orémus.

DEus, qui per os beáti Apóstoli tui Joannis, Verbi tui nobis arcána reserásti : præsta, quæsumus, ut quod ille nostris áuribus excellénter infúdit, intelligéntiæ competéntis eruditióne capiámus ; Per eumdem Christum, &c.

[Si cette Fête tombe le Vendredi, la troisieme Antienne est du Sacré-Cœur], le reste au Commun des Saluts.

Tel jour que soit cette Fête, on termine le Salut par l'Amende honorable au Sacré-Cœur de Jesus.

Le 31 Décembre.

CE jour, après le dernier Evangile de la Messe de Communauté, nous chantons le *Domine, non secundùm*, pour demander pardon à Dieu des fautes que nous avons commises pendant l'année qui vient de s'écouler.

TRAIT
du 2.
Do- mine , non fe-
cundùm pecca- ta noftra quæ fe-
cimus nos , neque fecundùm ini-
qui-ta- tes no- ftras re-tri-
bu-as no- bis.
℣. Do- mine , ne
memi- ne ris i-niquita-rum noftra rum an-tiqua rum : citò
anti- cipent nos mife-ri- cor-di-æ; tu-
æ; quia pau- peres facti fu-

℣. Oſtende nobis, Dómine , miſericórdiam tuam ;

℟. Et ſalutáre tuum da nobis.

La Mere-Supérieure dit l'Oraiſon ſuivante :

Orémus.

DEus, qui culpâ offénderis , pœniténtiâ placá-ris , preces pópuli tui ſupplicantis propitius réſ-pice, & flagella tuæ iracúndiæ , quæ pro peccáris noſtris merémur averte. Per Dóminum noſtrum.

Enſuite on dit les Suffrages ordinaires.

Le soir, après Vêpres nous pfalmodions le *Te Deum* à deux Chœurs, pour remercier Dieu de fes bienfaits généraux & particuliers : on dit auffi le ℣. & l'Oraifon d'action de graces, comme ci-deffus *page 61.*

Lorfque ce jour fera un Vendredi, on ne dira le Te Deum *qu'après l'Amende honorable du Salut, & il fera chanté.*

LE DIMANCHE
DE LA QUINQUAGÉSIME.

CE jour & les deux fuivants, nous avons les Prieres de Quarante Heures, Expofition du Très-Saint Sacrement depuis la Meffe de fept heures jufqu'au Salut, qui fe fait à la fin des Vêpres le Dimanche, & à cinq heures précifes le Lundi & le Mardi.

Ces trois jours, on fonne les deux coups de l'Office de Prime, &c. aux avant-quarts de la demie & des trois-quarts, ainfi que toutes les fois qu'il y a expofition.

LE SOIR AU SALUT.

Après l'Antienne au Saint Sacrement, on chante le Domine, non fecundùm, *comme ci-deffus, page 132.*

℣. Dómine Deus, miferátor & miféricors:

℟. Réfpice in me, & miferére mei.

Orémus.

OMnipotens & mitiffime Deus, qui fitienti pópulo fontem viventis aquæ de petra produxifti;

educ de cordis nostri durítiâ lácrymas compunctiónis : ut peccáta nostra plángere valeámus, re-
missiónemque eórum, te miserante, mereámur
accípere.

ECclésiæ tuæ, quæsumus Dómine, preces placátus admitte ; ut destrúctis adversitátibus & er-
róribus univérsis, secúrâ tibi sérviat libertáte.

OMnipotens, sempiterne Deus, cujus spíritu
totum corpus Ecclésiæ sanctificátur & régitur ;
exáudi nos pro univérsis Ordínibus supplicántes :
ut grátiæ tuæ múnere ab ómnibus tibi grádibus
fidéliter serviátur ; Per Christum Dóminum nostrum.

Le reste comme au Commun des Saluts, ci-après.

*L'Amende honorable. Après la Bénédiction, on
chante le Libera, tel qu'il est ci-dessus noté,* page
52.

*Ensuite on récite à deux Chœurs le Pseaume De
profundis ci-dessous, en déclinant chaque Verset de
F. en Ré ; & à la fin Réquiem æternam en un seul
Verset.*

PSEAUME 129.

DE profundis clamávi ad te, Dómine : * Dómine, exaudi vocem meam.

Fiant aures tuæ intendentes * in vocem deprecatiónis meæ.

Si iniquitátes observáveris, Dómine ; * Dómine, quis sustinébit ?

Quia apud te propitiátio est, * & propter legem tuam sustínui te, Dómine.

Sustínuit ánima mea in verbo ejus, * sperávit
ánima mea in Dómino.

A custódia matutína usque ad noctem * speret Israël in Dómino;

Quia apud Dóminum misericórdia, * & copiósa apud eum redémptio.

Et ipse rédimet Israël * ex ómnibus iniquitátibus ejus.

Réquiem, &c.

(*La Mere Supérieure.*)

℣. Dómine, exaudi oratiónem meam,

℟. Et clamor, &c.

DEus, véniæ largitor, & humánæ salútis amátor : quæsumus cleméntiam tuam, ut nostræ congregatiónis fratres, propinquos, & benefactóres, qui ex hoc féculo transiérunt, beátâ Mariâ semper Vírgine intercedénte cum ómnibus Sanctis tuis, ad perpétuæ beatitúdinis consórtium perveníre concédas.

Pour tous les Morts.

FIdélium, Deus, ómnium cónditor & redemptor, animábus famulórum famularúmque tuárum remissiónem cunctórum tríbue peccatórum ; ut indulgéntiam quam semper optavérunt, piis supplicatiónibus consequantur ; Qui vivis & regnas in fécula feculórum. ℟. Amen.

Requiéscant in pace. ℟. Amen.

LE MERCREDI DES CENDRES.

DEpuis ce jour inclusivement jusqu'au Jeudi-saint exclusivement, on sonne toujours l'Office de Prime aux avant-quarts pour la demie, & les trois quarts. On dit Sexte avant la Messe de Communauté ; & à l'Office d'onze heures, on dit None & Vêpres : & de même les premiers Vendredis du mois, en Carême.

[*Il est à remarquer que les grandes Prieres à genoux commencent aux Laudes du Mercredi des Cendres.*]

A neuf heures, nous avons en ce jour une seconde Messe de Communauté : elle est sonnée comme celle du Dimanche.

Avant cette Messe, c'est-à-dire à neuf heures, nous récitons à genoux & à deux Chœurs les sept Pseaumes de la Pénitence, tels qu'ils sont au Bréviaire. Le Célébrant pour l'ordinaire chante les Versets qui sont entre chacun, il y faut répondre de même.

Au moment de l'Absoute, la Sœur Sacristine ouvre les rideaux de la Grille. Le Célébrant debout, couvert, & la main étendue sur les Assistants, prononce à haute voix l'Absolution *Dominus Jesus Christus*, &c. A quoi on répond *Amen*. Il ajoute : *Absolutionem & remissionem*, &c. : à ce moment, toutes s'inclinent profondément, & répondent : *Amen*.

Après la cérémonie de l'Absoute, le Célébrant bénit les Cendres & les distribue à ses Assistants ; puis aux Religieuses qui les reçoivent au Communicatoire, le voile baissé & en inclinant la tête.

Lorsque le Célébrant impose les Cendres, la premiere Choriste entonne l'Antienne Exaudi. *Après l'Antienne, on chante le Pseaume 68.* Salvum me fac, *comme il suit.*

On continue ainſi les autres Verſets du Pſeaume
Salvum me fac, en répétant l'Antienne Exaudi,
après chaque Verſet tant que dure la diſtribution
des Cendres pour le Chœur des Religieuſes.

Veni in altitúdinem maris, * & tempéstas demérsit me.

Laborávi clamans, raucæ factæ sunt voces meæ : * defecérunt óculi mei, dum spero in Deum meum.

Multiplicáti sunt super capillos cápitis mei, * qui odérunt me gratis.

Confortáti sunt qui persecúti sunt me inimíci mei injustè : * quæ non rápui, tunc exolvébam.

Deus, tu scis insipiéntiam meam ; * & delicta mea à te non sunt abscóndita.

Non erubéscant in me qui expéctant te, Dómine, * Dómine virtútum.

Non confundántur super me, * qui quærunt te, Deus Israël.

Quóniam propter te sustínui oppróbrium, * opéruit confúsio fáciem meam.

Extráneus factus sum frátribus meis, * & peregrínus fíliis matris meæ ;

Quóniam zelus domûs tuæ comédit me, * & oppróbria exprobrántium tibi cecidérunt super me.

Et opérui in jejúnio ánimam meam ; * factum est in oppróbrium mihi.

Et pósui vestiméntum meum cilícium ; * & factus sum illis in parábolam.

Adversùm me loquebántur qui sedébant in porta ; * & in me psallébant qui bibébant vinum.

Ego verò oratiónem meam ad te, Dómine : * tempus benepláciti, Deus.

In multitúdine misericórdiæ tuæ exaudi me, * in veritáte salútis tuæ.

Eripe me de luto, ut non infigar ; * libera me ab iis qui odérunt me, & de profúndis aquárum.

Non me demergat tempestas aquæ, neque absórbeat me profundum, * neque úrgeat super me púteus os suum.

Exaudi me, Dómine, quóniam benigna est misericórdia tua : * secundùm multitúdinem miseratiónum tuárum réspice in me.

Et ne avertas fáciem tuam à púero tuo : * quóniam tríbulor, velóciter exaudi me.

Intende ánimæ meæ, & líbera eam : * propter inimícos meos éripe me.

Tu scis impropérium meum & confusiónem meam, * & reveréntiam meam.

In conspéctu tuo sunt omnes qui tríbulant me : * impropérium expectávit cor meum, & misériam.

Et sustinui qui simul constristarétur, & non fuit ; * & qui consolarétur, & non invéni.

Et dedérunt in escam meam fel ; * & in siti mea potavérunt me acéto.

Fiat mensa eórum coram ipsis in láqueum, * & in retributiónes, & in scándalum.

Obscuréntur óculi eórum, ne videant ; * & dorsum eórum semper incurva.

Effunde super eos iram tuam ; * & furor iræ tuæ comprehendat eos.

Fiat habitátio eórum deserta ; * & in tabernáculis eórum non sit qui inhábitet.

Quóniam quem tu percussísti, persecúti sunt ; * & super dolórem vúlnerum meórum addidérunt.

Appóne iniquitátem super iniquitátem eórum ; * & non intrent in justítiam tuam.

Deleántur de libro vivéntium, * & cum justis non scribantur.

Ego sum pauper & dolens : * salus tua, Deus, suscépit me.

Laudábo nomen Dei cum cántico, * & magni-
ficábo eum in laude.

Et placébit Deo super vítulum novellum, *
córnua producentem & úngulas.

Vídeant páuperes, & lætentur : * quærite
Deum, & vivet ánima vestra;

Quóniam exaudívit páuperes Dóminus, * &
vinctos suos non despexit.

Laudent illum cœli & terra, * mare & ómnia
reptília in eis.

Quóniam Deus salvam fáciet Sion, * & ædifi-
cabuntur civitátes Juda.

Et inhabitábunt ibi, * & hereditáte acquírent eam.

Et semen servórum ejus possidébit eam; * &
qui díligunt nomen ejus, habitábunt in ea.

*Lorsque la distribution des Cendres est finie pour
les Religieuses & Pensionnaires, le Célébrant la
fait aux personnes de l'Eglise du dehors; alors à
tel endroit qu'on soit du Pseaume après l'Antienne
Exaudi, les deux Sœurs Choristes entonnent le
Glória Patri.*

On reprend pour la derniere fois l'Exaudi.

Tout le temps du Carême, excepté les Dimanches, on dit à l'Office du Matin les trois petits Offices de fuite : on ne tinte la Meffe qu'au fecond Pfeaume de Tierce. On dit None & Vépres à onze heures. On fait la Lecture à une heure & demie; on la fonne à l'avant-quart.

Le Chapelet eft fonné à quatre heures trois quarts, & commence à l'avant-quart pour cinq.

Aux premiers Vendredis du mois qui tombent en Carême, on ne dit point de *Te Deum* à Matines, quoique le *Gloria in excelfis* foit chanté à la Meffe, quand c'eft celle du Sacré-Cœur de Jefus qui peut-être dite. On pfalmodie les Vépres à onze heures.

Pour le Vendredi d'après les Cendres, qui eft celui de la Fête des cinq Plaies de Notre-Seigneur :

NOus difons notre Office ordinaire du Vendredi, & ne récitons point de *Te Deum* à Matines. Nous faifons mémoire des Cinq Plaies dans les premieres Vépres, felon qu'il eft indiqué dans notre Bréviaire.

Si ce jour tombe le premier Vendredi du mois, la Grand'Meffe eft celle des Cinq Plaies : on n'y chante point de *Gloria in excelfis.*

Les Vépres font pfalmodiées à onze heures.

Le Chapelet à trois heures & demie, & le Sermon à trois heures trois quarts; le Salut enfuite comme à l'ordinaire des premiers Vendredis du mois, fans que la Fête des Cinq Plaies occafionne une nouvelle Antienne au Salut.

LE DIMANCHE DE LA PASSION.

DÈs le Samedi avant Vêpres, la Sacriftine fera voiler en noir la Croix, Tableaux & Images des Autels, qui, depuis le Mercredi des Cendres, ont dû être voilées en couleur de cendres. S'il arrivoit quelques Fêtes, on les dévoileroit dès les premieres Vêpres jufqu'aux Complies du foir.

Le Vendredi de la femaine de la Paſſion, la Fête de la Compaſſion de la très-Sainte-VIERGE.

On en dit l'Office propre dès les premieres Vêpres, felon qu'il eſt en notre Bréviaire, *page* 177.

On ne dit point de *Tu autem* à la premiere Leçon de Matines; ni de *Te Deum* après les deux autres.

Les Vêpres font pfalmodiées à onze heures, &c. Le Salut à cinq heures, auquel on chante le *Stabat Mater* pour Antienne à la Sainte Vierge.

Si le premier Vendredi du mois tombe en ce jour, on chante la Meſſe de la Compaſſion, & tout le reſte comme ci-deſſus.

COMPLAINTE *à la Ste. Vierge.*

STABAT Mater dolorófa,
Juxtà crucem lacrymófa,
Dùm pendébat Filius.

Cujus ánimam gementem,
Contriſtantem & dolentem,
Pertranfivit gládius.

O quàm triſtis & afflicta
Fuit illa benedicta,
Mater Unigéniti!

Quæ mœrébat & dolébat,
Et tremébat cum vidébat,
Nati pœnas íncliti.

Quis est homo qui non fleret
Christi Matrem si vidéret
In tanto supplício ?

Quis posset non contristári,
Piam Matrem contemplári,
Dolentem cum Filio ?

Pro peccátis suæ gentis
Vidit Jesum in tormentis,
Et flagellis súbditum.

Vidit suum dulcem Natum,
Morientem desolátum,
Dum emísit spíritum.

Eia Mater fons amóris,
Me sentíre vim dolóris,
Fac ut tecum lúgeam.

Fac ut árdeat cor meum,
In amando Christum Deum,
Ut sibi compláceam.

Sancta Mater, istud agas,
Crucifixi fige plagas,
Cordi meo válide.

Tui Nati vulneráti,
Jam dignáti pro me pati,
Pœnas mecum dívide.

Fac me verè tecum flere,
Crucifixo condolére,
Donec ego víxero.

Juxtà crucem tecum stare,
Te libenter sociáre
In planctu desídero.

Virgo

Vɪʀɢo Vírginum præclára,
Mihi jam non sis amára,
Fac me tecum plángere.

Fac ut portem Christi mortem,
Passiónis ejus sortem,
Et plagas recólere.

Fᴀᴄ me plagis vulnerári,
Cruce hâc inebriári,
Ob amórem Filii.

Inflammátus & accensus,
Per te, Virgo, sim defensus
In die judícii.

Fᴀᴄ me cruce custodíri,
Morte Christi præmuníri,
Confovéri grátia.

Quando corpus moriétur,
Fac ut ánimæ donétur
Paradísi glória.   Amen.

℣. O vos omnes qui transítis per viam,
℟. Atténdite & vidéte si est dolor sicut dolor meus.

Orémus.

INtervéniat pro nobis, quæsumus, Dómine, apud tuam cleméntiam, nunc & in hora mortis nostræ, beáta Virgo María mater tua, cujus ánimam in hora Passiónis tuæ, dolóris gládius pertransívit; Qui vivis & regnas.

LE SAMEDI DE LA PASSION.

Cᴇ jour, le Salut à l'Oratoire de la Ste. Vierge, consiste dans le *Stabat Mater* qu'on y chante. Le Verset & l'*Oremus*, sont dits par la Mere-Supérieure.

LE DIMANCHE DES RAMEAUX.

LA Messe de neuf heures est sonnée comme à l'ordinaire, aux trois quarts & à neuf heures précises.

Après la Bénédiction de l'Eau qui se fait comme tous les Dimanches, le Célébrant revêtu d'une Aube, d'un Manipule & d'une Etole noire, bénît les Rameaux au coin de l'Epitre. (*Les Sœurs sont tournées vers l'Autel à ce moment, & elles sont en face pendant la distribution.*) Après quoi le Sacristain les passe par le tour de la Sacristie ; les Sœurs Sacristines viennent ensuite les distribuer des deux côtés du Chœur en commençant, l'une par la Mere-Supérieure, & l'autre par la Mere-Assistante ; une Maîtresse des classes distribue en même-temps aux Demoiselles Pensionnaires les Rameaux qu'elle a été recevoir à la Sacristie.

Après la distribution des Rameaux, on fait l'Aspersion de l'Eau-bénite comme à l'ordinaire ; & après l'Oraison *Exaudi*, deux Choristes entonnent l'Antienne *Jesus ante sex dies*, & la Procession sort du Chœur portant les Rameaux de la main droite pour celles qui sont du côté droit, & les Sœurs du côté gauche les portent de la main gauche.

A LA PROCESSION.

On fait la Procession dans le Cloître, & on y chante :

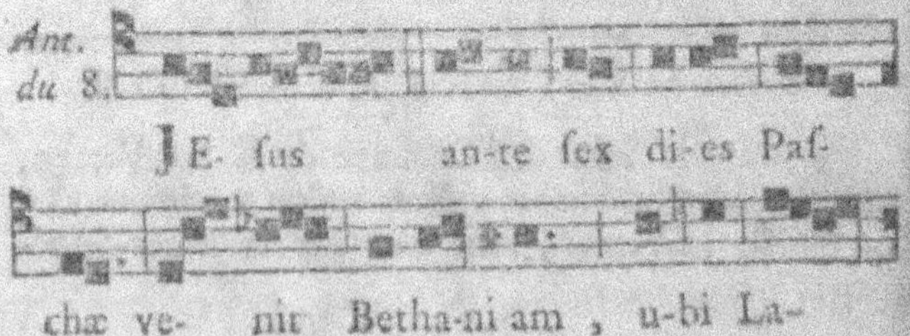

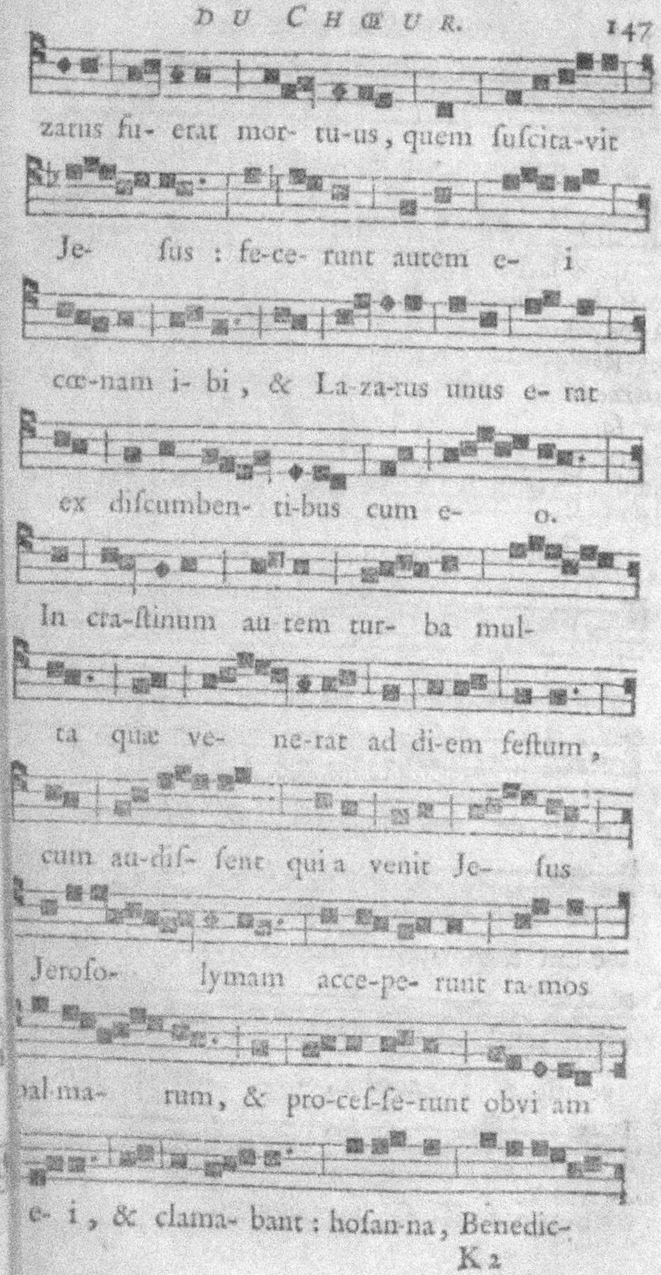
zarus fu- erat mor- tu-us, quem suscita-vit
Je- sus : fe-ce- runt autem e- i
cœ-nam i- bi , & La-za-rus unus e- rat
ex discumben- ti-bus cum e- o.
In cra-stinum au-tem tur- ba multa quæ ve- ne-rat ad di-em festum ,
cum au-dif- sent qui a venit Je- sus
Jerofo- lymam acce-pe- runt ra-mos
palma- rum, & pro-cef-fe-runt obvi am
e- i , & clama- bant : hosan-na, Benedic-

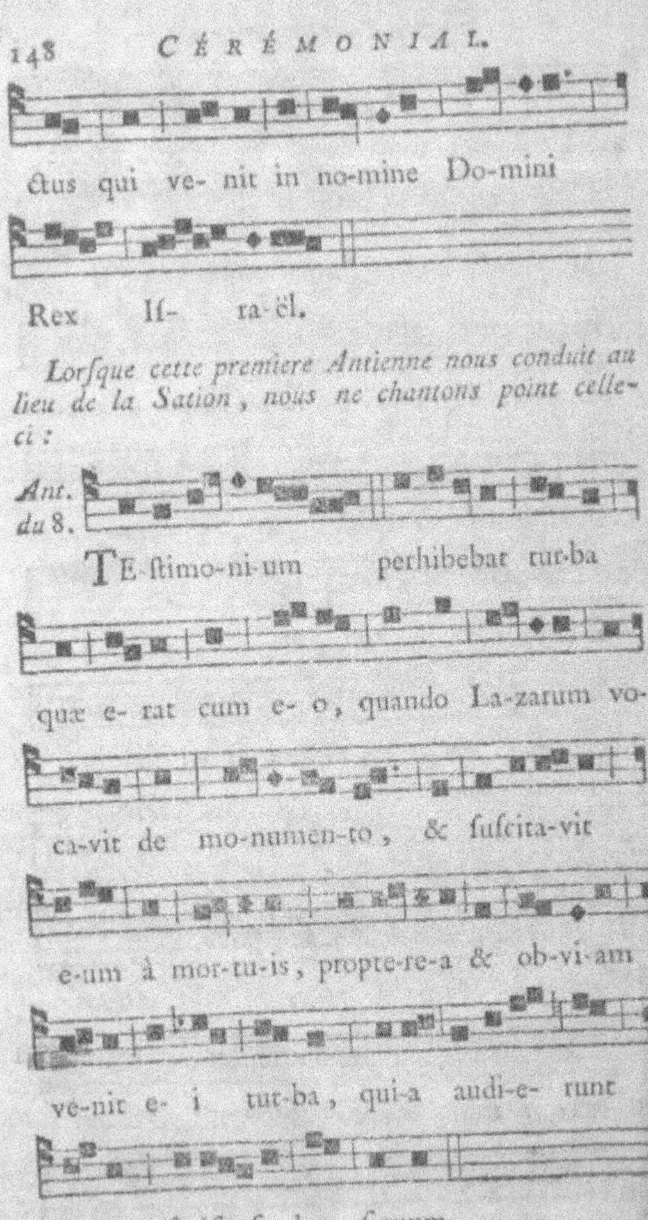

Lorsque cette première Antienne nous conduit au lieu de la Station, nous ne chantons point celle-ci :

Ant. du 8.

ADORATION DE LA CROIX.

La Sœur Sacristine couvre en blanc les marches de l'Autel d'un des Oratoires, elle y met un coussin noir, & pose dessus un Crucifix en travers.

La Procession étant arrivée à l'Oratoire désigné, les Acolytes placeront leurs cierges aux deux côtés, & la Porte-Croix mettra la Croix proche l'Oratoire. La Mere-Supérieure pour commencer l'Adoration, passera entre les deux lignes des Sœurs rangées en Chœur, & ira se mettre à genoux à quelque pas de l'endroit où est la Croix. Les Choristes entonneront l'Antienne *Ave*, *Rex noster*. A l'instant elle se levera, fera une génuflexion entiere, & adorera la Croix. Ensuite elle se levera, mettra une petite branche de rameaux au pied du Crucifix, fera une seconde génuflexion, & reviendra prendre sa place. L'Assistante la suivra immédiatement, & fera son Adoration de la même maniere, & ainsi les autres Religieuses par rang de Profession & deux à deux. Pour éviter la confusion, les Sœurs marcheront sur une ligne en allant & en revenant.

Lorsque les Religieuses auront adoré la Croix, les Demoiselles Pensionnaires s'avanceront deux à deux, salueront devant & après leur Adoration, & se retireront à leurs places.

On répete l'Antienne autant qu'il est nécessaire jusqu'à la fin de l'Adoration.

En revenant à l'Eglise, on chante les Antiennes suivantes :

Si l'on eft arrivé à la porte du Chœur, nous ne chantons point celle-ci :

Lorsque la Procession sera arrivée à la porte de l'Eglise, deux Choristes entreront en-dedans, & chanteront l'Hymne suivant :

Le Chœur répete Glória, laus, &c.

nis, ad fumus ec- ce tibi.

Le Chœur répete Glória, laus, &c.

Les Choriftes.

ni-a laudis, Nos tibi regnan-ti pan-gimus

ec- ce me-los.

Le Chœur, Glória, laus, &c.

Enfuite les Choriftes répetent Glória, laus, &c.

L'Officiante frappe à la porte avec le pied de la Croix, en chantant :

mini portæ æ-ternales; & intro-i-bit Rex

glori-æ.

Les Choristes
chantent.
Quis est iſtæ Rex glori- æ ?
L'officiante
répond :
Dominus fortis & potens, Dominus
potens in præ-li-o.
Elle frappe deux fois à la porte , & répete :
Attol-lite portas principes veſtras & e-leva-
mini por-tæ æ-ter-nales ; & in-tro-i-bit Rex
glori-æ.
Les Choriſtes chantent
d'un ton plus élevé ,
Quis eſt i-ſte Rex glo-
ri- æ.
L'Officiante
répond :
Dominus fortis & pótens , Dominus potens in præ-li-o.

Elle frappe trois fois, répétant:

*Les Choriftes
d'un ton pluséélevé.*

*L'Officiante
répond:*

*Alors les Choriftes ouvrent la porte, & la Pro-
ceffion entre en chantant ce qui fuit:*

Les
Chor.

Le
Ch.

La Proceſſion étant rentrée au Chœur, les Choriſtes chantent le Verſet :

℣. Ex ore infántium & lacténtium ,
℟. Perfeciſti laudem tuam , Dómine.

L'Officiante dans ſa ſtalle chante l'Oraiſon :

Orémus.

O Mnipotens , ſempiterne Deus , qui Dóminum noſtrum Jeſum Chriſtum ſuper pullum
áſinæ ſedére feciſti ; & turbas populórum veſti-
menta & ramos árborum in via ſtérnere, & Ho-
ſanna decantáre in laudem ipſius docuiſti : da ,
quæſumus, ut in ipſo ac per ipſum, cujus nos
membra fieri voluiſti, de mortis império victó-
riam reportantes, ipſius glorióſæ Reſurrectiónis
partícipes eſſe mereámur ; Qui tecum vivit &
regnat Deus.

LE MERCREDI SAINT.

CE qui est particulier dans la maniere de réciter l'Office de ce jour & des trois jours suivants, étant exactement expliqué dans notre Bréviaire, page 184, il seroit inutile de le répéter ici : tout consiste à s'y conformer exactement.

Le premier coup de Ténébres est sonné à trois heures & demie.

Le second à trois heures trois quarts. A celui-ci [pour aujourd'hui seulement], on se rend au Chœur pour le Chapelet auquel on supprime les *Gloria Patri* ordinaires : de suite on dit les Complies, qui sont terminés par le *Pater*, *Ave*, *Credo*.

A quatre heures on sonne le dernier coup, après lequel l'Officiante dit à voix intelligible, *Aperi*, *Domine* ; & tout bas, *Pater*; *Ave*, *Credo*. [*Pour l'Office de ce jour & des quatre suivants, c'est la Mere-Supérieure qui officie, ou en son absence la Mere Assistante.*]

A l'Office de Ténébres, on ne se leve qu'à la fin de chaque Nocturne. Le Chœur reste debout pendant le petit Verset & le *Pater* qui se dit tout entier à voix basse : l'Officiante donne le signal à la fin du *Pater*, pour avertir la Lectrice de commencer la Leçon, & le Chœur s'assied après la lecture du Texte. Le Chœur reste assis pendant les Leçons, les Répons & tous les Pseaumes de Laudes. On est debout pendant le Cantique *Benedictus*; & à genoux pendant les Litanies, le Pseaume *Miserere* & l'Oraison *Respice*.

Cette maniere de dire l'Office de Ténébres est la même pour les trois jours.

Pendant l'Office, il y aura un Chandelier triangulaire placé devant le maître-Autel, sur lequel quinze cierges de cire jaune brûleront, & six autres sur l'Autel. A la fin de chaque Pseaume de Matines & de Laudes, le Sacristain en éteindra

un, & gardera le dernier allumé pour le placer
derriere l'Autel pendant les Litanies de Laudes : &
au sixieme avant-dernier Verset du Cantique *Benedictus*, il commencera d'éteindre ceux de l'Autel,
un par chaque Verset.

La Priere du soir à huit heures, comme elle est
indiquée ci-après à l'Article de l'Ordre des Exercices pour ces derniers jours.

ORDRE DES EXERCICES.

*Pour les quatre derniers jours de la semaine
Sainte.*

LA Sœur chargée du soin de régler les heures
d'Adoration, indiquera sur le Tableau du Chœur,
deux Sœurs pour faire l'heure de huit à dix, n'y
ayant point d'Office le soir durant ces quatre
jours.

Depuis le Mercredi au soir jusqu'au Samedi matin inclusivement, on dit pour Priere du matin &
du soir le Pseaume *Miserere* qu'on psalmodie lentement à deux chœurs sans *Gloria Patri*. Ensuite
on fait l'Examen, & la Mere-Supérieure termine
cet Exercice par l'Oraison *Respice* : après laquelle,
si c'est le soir, elle fait l'Aspersion de l'Eau-benite,
& donne la Bénédiction.

Le Jeudi & Samedi-saint, on dit les Suffrages
après la Messe comme à l'ordinaire.

Avant l'Examen d'onze heures le Jeudi & le
Vendredi-saint, on dit l'Antienne des petites Heures propres à chaque jour, & on le termine par
l'Oraison *Respice*; & on récite comme à l'ordinaire le *De profundis* en allant au Réfectoire.

Depuis la Collation du Mercredi-saint inclusivement, jusqu'au Diner du Samedi-saint exclusivement, on dit pour Bénédiction de la Table aux
deux Réfectoires : *Christus factus est pro nobis obe-*

diens usque ad mortem; ensuite *Pater* tout bas en entier, après lequel la Mere-Supérieure bénit la table sans rien dire. De même pour les Graces, en ajoutant seulement ces mots au *Christus* &c. *Mortem autem Crucis.*

La Lectrice, en ces jours, ne demande point de Bénédiction; elle commence la lecture sans dire, *In nomine Domini*, & la termine sans *Tu autem.* Ce qui s'observe également aux Lectures du Chœur.

Depuis le Mercredi-saint au soir, jusqu'au Dîner du Vendredi-saint inclusivement, on va au Chœur après les Graces du Refectoire, en psalmodiant le *Miserere* à voix un peu basse, sans *Gloria Patri*; on dit ensuite le *Pater* tout bas, après lequel la Mere-Supérieure dit d'une voix médiocre l'Oraison *Respice* & l'*Angelus.*

Le Jeudi-saint il est d'usage que nous ne travaillions point, à cause des Pâques.

Le Mercredi au soir, Jeudi & Vendredi-Saint, il n'y a pas de récréation.

LE JEUDI SAINT.

A Six heures & demie, les quatre petites Heures, ensuite la Messe de Communauté où les Religieuses, les Dames & Demoiselles Pensionnaires font la Communion Paschale.

Après cette Messe on fait les Suffrages comme à l'ordinaire.

La Grand'Messe étant solemnelle, sera sonnée à trois coups; c'est-à-dire, à la demie, aux trois quarts & le dernier à l'avant-quart, pour que la récitation des sept Pseaumes commence à neuf heures précises.

A neuf heures, la cérémonie de l'Absoute, elle sera précédée de la récitation des sept Pseaumes, que la Mere-Supérieure commencera dès que le Sacristin en aura donné le signal. Ils seront psalmodiés de suite à deux chœurs & à genoux.

Si le ton du Chœur baissoit trop, la Mere-Supérieure, ou à son défaut la Mere Assistante, auront seules le droit de le relever, sans même attendre pour cela la fin d'un Pseaume, puisqu'ils sont continués de suite sans en relever aucun.

Pendant ce temps, le Célébrant (revêtu d'une Aube & d'une Etole rouge, au milieu de deux Clercs) reste à genoux sur la derniere marche de l'Autel, & ne se leve qu'aux Versets & Oraisons.

Après les sept Pseaumes, il y a quelques Versets auxquels il faut que le Chœur réponde en chantant ou autrement, suivant que le Célebrant les dira.

Au commencement de l'Oraison où est l'Asolution, il se tourne un peu vers la Grille du Chœur [dont les rideaux auront été ouverts par la Sœur Sacristine]; & étendant la main, il donnera l'Absolution. Tout le Chœur est à genoux pendant ces Oraisons; & au moment de l'Absolution, toutes s'inclinent profondément.

Après l'Absolution commence la Grand'Messe; on y chante le *Gloria in excelsis* & le *Credo*. L'Orgue y est touché jusqu'à l'*Agnus Dei* inclusivement.

Au *Pater noster*, on sonnera la cloche pour les Vêpres; & depuis ce moment on ne la sonnera plus, jusqu'au Samedi-saint au *Gloria in excelsis* de la Grand'Messe.

Après l'*Agnus Dei*, il faut de suite chanter la Communion, & on ne dit point le *Domine, salvum fac Regem*.

Après la Communion, le Célébrant met dans un Corporal l'Hostie qu'il a consacrée & qu'il réserve pour le lendemain, & ayant plié le Cor-

poral

poral, il le mettra dans une bourse. Ensuite, après la Purification & l'Ablution, il descendra au bas de l'Autel , & encensera le très-saint Sacrement par trois fois. Il remontera; & prenant le saint Sacrement entre ses mains , il bénira par trois fois. Puis descendant de l'Autel , précédé d'un Turiféraire & de deux Clercs avec des flambeaux , il s'avancera en ordre de Procession [*cette Procession se fait sans rien chanter*] par le chemin le plus long vers la Chapelle où sera le Reposoir. Lorsqu'il sera monté sur la derniere marche , il donnera la Bénédiction par trois fois comme ci-devant; & ayant déposé le saint Sacrement à l'endroit préparé , il l'encensera, & reviendra à l'Autel par le chemin le plus court.

Dès que le Célébrant & ses Ministres sont de retour du Tombeau , ils s'assoient à côté de l'Autel ; & on psalmodie les Vêpres. Les Sœurs Choristes y levent les Antiennes & les Pseaumes alternativement; & tout le Chœur reste assis jusqu'à *Magnificat*, qui est chanté , ainsi que son Antienne qui est levée par le Célébrant.

Qui-a respexit humi-li tatem ancil-læ su-æ ; *
ecce enim ex hoc be-atam me dicent
omnes generati-o-nes.
Qui-a fe-cit mi-hi magna qui potens est, *
& sanctum nomen e- jus.
Et mi- sericordi-a ejus à progeni-e in
progenies, * timentibus e- um.
Fe-cit potenti-am in brachi-o su-o : * dif-per-
fit superbos mente cordis su- i.

Depo-su-it potentes de sede, * & exaltavit
hu-mi-les.
E-su-ri-en-tes implevit bonis, * & divites
dimi-sit i-na-nes.
Susce-pit Is-ra-el pu-erum su-um, * recor-da-
tus mi-fe-ricordi- æ su- æ.
Si-cut locutus est ad patres nostros, * Abraham, & semini e-jus in se-cula.
Ant.
du 2.
SPi-ri-tus oris no-stri Christus Do-minus
captus est in pec-ca-   tis no- stris.

A la fin de l'Antienne de ce Cantique, le Célébrant & ses Ministres monteront à l'Autel. Le Célébrant dira la Postcommunion. Le Diacre chantera l'*Ite Missa est* dans le ton du premier *Kyrie de Dumon*, & le Chœur répondra comme il suit :

L'Office est ainsi terminé.

La Mere-Supérieure dit ensuite l'Ant. *Christus*, comme il a été dit ci-dessus pour l'Examen d'onze heures ; & elle le termine par l'Oraison *Respice*.

S'il n'est pas encore temps d'aller au Réfectoire, les Sœurs peuvent se retirer ; mais elles se rendront au Chœur à l'avant-quart pour la demie, afin de se rendre ensemble & en ordre au Réfectoire pour le dîner, en récitant le *De profundis*, &c.

[*Après les Vêpres, le Sacristain en surplis, ou deux Acolytes en Aube, découvriront les Autels.*]

A une heure & demie, le *Stabat Mater* au Chœur en place du Chapelet : il est psalmodié à deux chœurs d'une voix médiocre ; la Mere-Supérieure dit le ℣. *O vos*, &c. le Chœur y ayant répondu, elle dit l'Oremus *Interveniat*, comme ci-dessus, page 145.

A deux heures précises, le Célébrant accompagné d'un Diacre, viendra laver les Autels, & se conformera pour cette cérémonie aux Rubriques du Missel. Le Chœur y assiste, & les Sœurs Choristes chantent les Antiennes convenables. Elles consistent seulement pour le présent dans celle de Sainte Aure pour le maître-Autel, & celle de la très-sainte Vierge pour le petit.

Antienne de Ste. AURE.

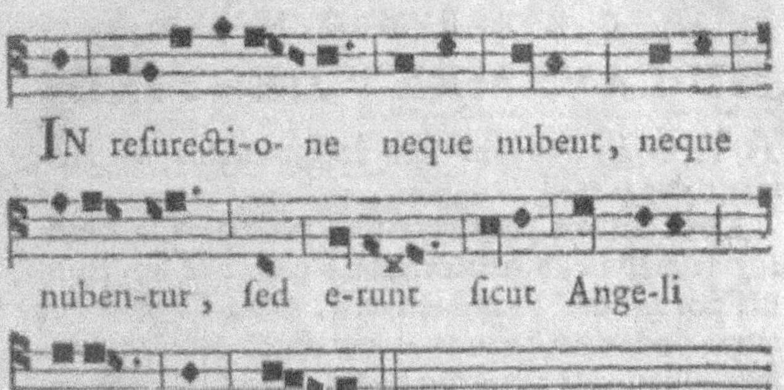

℣. Vírgines laudent nomen Dómini :
℟. Quia exaltátum eft nomen ejus folíus.

Orémus.

DEus qui beátam Vírginem Auream in fposà-
rum tuárum regímen multíplici carifmatum dono
cumulafti ; da ut ejus exemplis & præsídiis delectatiónes nóxias calcantes, unctióne tuâ cœlefti
perfundámur ; Per chriftum.

L'Antienne de la fainte Vierge, *Beatam me dí-
cent*, &c. ci-après au Commun des Saluts.

Le ℣. *Elegit* ; l'Oremus *Concede.*

Le Célébrant bénit de fuite dans la Sacriftie le
pain & le vin qui doivent être diftribués le foir.

Enfuite un Diacre vient chanter au Pulpitre l'E-
vangile du jour, que les Sœurs entendent debout.

CÉRÉMONIE
DU LAVEMENT DES PIEDS.

A Trois heures, on fera la cérémonie du Lavement des pieds.

La Sacristine préparera une table près la Grille, sur laquelle elle mettra une aiguiere & son bassin, un pot à l'eau & une cuvette. Dans l'aiguiere il y aura de l'eau chaude aromatique qui servira à laver les pieds ; dans le pot, de l'eau froide pour laver les mains de la Supérieure ; & dans une corbeille, plusieurs serviettes.

Tout étant disposé, les douze Sœurs Converses (*ou au défaut de quelques-unes d'elles, les jeunes Professes de Chœur y suppléeront*), se placeront au Chœur dans le même ordre qu'aux cérémonies des Vêtures, ayant le pied droit déchaussé : l'Assistante, la premiere Professe & deux Acolytes portant leurs cierges allumés, viendront prendre la Mere-Supérieure à sa stale, & la conduiront proche la table. [*A ce moment tout le Chœur s'assied.*] L'Assistante lui ôtera son manteau, la Sœur lui présentera un tablier, ensuite la Mere-Supérieure commencera la cérémonie par la premiere à droite du côté de sa stale, & continuera le tour ; en traversant devant le Tombeau, elle & ses Assistantes feront une inclination très-profonde au très-saint Sacrement.

L'Assistante placée à sa droite, soutiendra le pied ; la premiere Professe à gauche portera l'aiguiere & versera l'eau chaude ; la Supérieure essuiera le pied, formera ensuite avec le pouce droit une petite croix dessus, & le baisera. La derniere Professe de Chœur, d'après le choix des douze, portera la corbeille & présentera les serviettes à la Mere-Supérieure ; les deux Acolytes marcheront aux deux côtés des Officiantes.

Sitôt que la cérémonie commencera, la premiere Sœur Choriste entonnera l'Antienne *Man-*
datum, qui sera suivie des autres autant qu'il sera
nécessaire.

La premiere Chorifte.
Ant. du 7.

Lorfque la cérémonie fera achevée, la Mere-Supérieure & fes Affiftantes iront vers la table qui eft près la Grille. [*Auffi-tôt tout le Chœur fe leve.*] La Sœur qui a porté la corbeille, lui préfentera de l'eau pour laver fes mains ; la premiere Profef-fe, une ferviette ; & l'Affiftante lui mettra fon manteau : elles la conduiront à fa ftale dans le même ordre qu'elles l'auront été chercher. Enfuite la Mere-Supérieure dira les Verfets & l'Oraifon.

℣. Osténde nobis, Dómine, misericórdiam tuam :

℟. Et salutáre tuum da nobis.

℣. Kyrie, eléison.

℟. Christe, eléison.

℣. Kyrie eléison.

Pater noster, *tout bas.*

℣. Et ne nos indúcas in tentatiónem;

℟. Sed líbera nos à malo.

℣. Suscépimus, Deus, misericórdiam tuam;

℟. In médio templi tui.

℣. Tu mandásti, Dómine,

℟. Mandáta tua custodíri nimis.

℣. Dómine, exaudi oratiónem meam;

℟. Et clamor meus ad te véniat.

Orémus.

ADesto, Dómine, quæsumus, officio servitútis nostræ : & quia tu, discípulis tuis pedes laváre dignátus es, ne despícias ópera mánuum tuárum, quæ nobis retinenda mandásti; ut sicut exterióra abluuntur inquinamenta, sic à te ómnium nostrum interióra laventur peccáta; Qui vivis & regnas Deus, per ómnia sécula seculórum.

℟. Amen.

A quatre heures, Complies & de suite les Ténèbres.

A six heures un quart, le Réfectoire comme à l'ordinaire.

La Lectrice y demande la Bénédiction, parce que c'est le Sermon de la Cêne qu'elle doit lire pendant la collation; & elle dit le *Tu autem* à la fin. On trouve cette lecture dans le saint Evangile selon S. Jean, Chap. XIII. Verset 16 inclusivement, & jusqu'à la fin du Chapitre XIV.

Ce jour , autant qu'il est possible, c'est la Mere-Supérieure qui prend la peine de servir le premier Réfectoire du dîner ; & la Mere Assistante, celui du soir.

La Priere du soir à huit heures.

LE VENDREDI SAINT.

*N*Ota. Si le premier Vendredi du mois d'Avril tombe le Vendredi-saint , il n'y a rien de particulier qui soit relatif au Sacré Cœur de Jesus : tout s'observe selon la Rubrique suivante pour le Vendredi-saint.

A six heures trois quarts , les quatre petites Heures : à sept heures & demie, le Sermon de la Passion : à neuf heures , l'Office.

Le Célébrant , revêtu d'une Chasuble noire & suivi des Assistants en Aube , ira à l'Autel qui doit être couvert d'une nappe seulement, sans chandeliers , croix, &c. , après avoir prié quelque temps à genoux aux pieds de l'Autel , il montera & le baisera au milieu. Alors un Lecteur chante la Leçon qui commence par ces mots, *In diebus illis.* Un second Lecteur , ou le même, chante la deuxieme Leçon , & deux Choristes psalmodient les deux Traits. A la fin du deuxieme , le Diacre chante seul la Passion. Au Verset *Emisit spiritum* , tout le Chœur se prosterne & baise la terre.

Tout le Chœur fait la génuflexion au *Flectamus genua* ; & après que toutes les Oraisons sont finies, l'Adoration de la Croix commencera comme il suit :

Le Célébrant & ses Ministres retournent à la Sacristie , s'y déchaussent & reviennent aussi-tôt , le Diacre portant la Croix sur le bras droit. En entrant dans le Sanctuaire , ils fléchissent le genouil. Ensuite le Clergé, les Religieuses & tout le peuple étant à genoux, l'Officiant chante le *Popule meus* : il est aidé de Mrs. ses Affiſtans. Le premier Chœur chante *Agios* ; & le ſecond chante le *Sanctus*.

Le Chœur de Choristes à gauche.

A la fin du *Sanctus*, le Soudiacre se leve &
s'avance de quelques pas; le Diacre vient prendre
sa place; & le Prêtre se leve, & vient prendre la
place du Diacre. Ils en feront de même aux deux
Stations suivantes, de maniere que le Célébrant
doit se trouver proche la Croix à la troisieme Station.

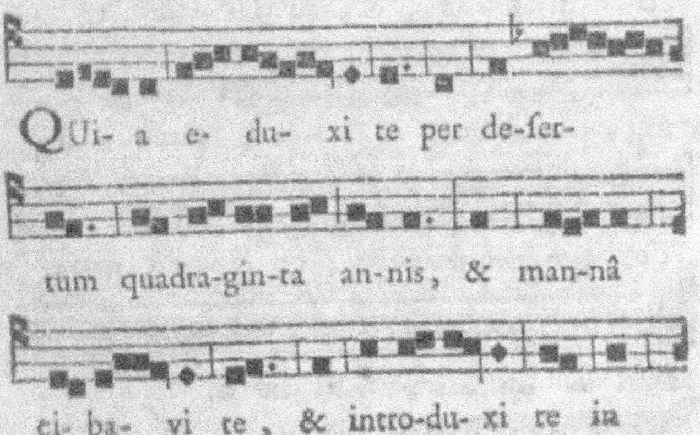

Le premier Chœur de Religieuses , *Agios* , *&c.*
Le second Chœur à gauche , *Sanctus* , *&c.*

Trois Professes.

Premier Chœur, *Agios.*
Second Chœur, *Sanctus.*

Le Célébrant, à la troisieme Station, se trouvant proche de la Croix, entonne à genoux l'Antienne *Ecce lignum*, que le Chœur continue : il fait son adoration, ainsi que ceux qui servent à l'Autel.

L'Adoration de la Croix, pour les Religieuses, se fera près la Grille. La Sacristine y placera en bas un marche-pied couvert d'un drap noir, & une Croix voilée de blanc.

A la fin du dernier *Sanctus*, la Mere-Supérieure quittant sa place, fera sa premiere Station en se mettant à genoux vers le bas du Chœur ; elle se levera, ensuite s'avancera vers le milieu & s'y age-nouillera : la Mere Assistante marchant seule sur ses pas, se mettra à genoux au lieu d'où elle vient de sortir. Enfin la Mere-Supérieure s'étant levée, s'a-vancera jusqu'à la Croix, où elle fera sa troisieme Station, tandis que la Mere Assistante fera sa se-conde au milieu du Chœur. Alors les Sœurs, par rang de Profession pour les Sœurs de Chœur & les Sœurs Converses, s'avanceront dans le même or-dre, & feront deux à deux les trois Stations.

Au moment où le Célébrant chante *Ecce lignum*, la Mere-Supérieure découvre la Croix, l'adore en faisant une inclination profonde, & la baise : en-suite elle se leve, fait une génuflexion simple, & se retire à sa place par le côté gauche. L'Assistante la suit immédiatement, & se retire après avoir fait son adoration comme ci-dessus. Les Sœurs viennent posément à la suite, & font deux à deux l'Adora-tion. Celle qui est au côté droit, baise les pieds du Crucifix ; & celle qui est au côté gauche, baise le cœur. Ensuite elles font ensemble la génuflexion simple, & se retirent, la premiere à droite, & la seconde à gauche ; celles qui suivent gardent le mê-me ordre.

Lorsque les Demoiselles Pensionnaires font leur adoration, soit au Chœur des Religieuses soit à leur Tribune, elles vont deux à deux, font succes-sivement deux stations à genoux, & font une profonde révérence à la Croix avant & après l'avoir adorée. Si c'est dans le Chœur des Religieuses, elles observent, en se retirant, de faire aussi une révérence profonde à la Mere-Supérieure.

Au commencement de l'Adoration, tout le Clergé étant à genoux, on continue l'Antienne *Ecce lignum.*

Ensuite deux Choristes debout levent l'Antienne *Tuam crucem,* que le Chœur continue à genoux; elles levent aussi debout les Pseaumes & l'Antienne *Dignus es.*

Ant.

Ant.
du 8.
TU-am Cru-cem adora- mus , Do-
mine; tu- am glo-ri- o-fam reco-limus paf-
fi- onem : mi-fe-re re noftrî, qui pa-ffus
es pro nobis. *Pf.* Di-ligam te , Domine ,
fortitudo me-a : * Dominus firma-mentum
me-um, & refugi-um me-um, & liberator
me-us.
Ant.
du 4.
DIgnus es, Domi-ne , acci-pere
glo-   ri-am; quo-ni- am oc- ci- fus es,

* M

L'Hymne *Vexilla Regis* est chanté comme il suit :

Pendant toute l'Adoration, il n'y a que les Choristes qui entonnent, qui soient debout : les autres, ainsi que tout le Chœur, restent à genoux jusqu'à la fin de l'Antienne *Super omnia*, que l'Officiant entonne à genoux, tout le Clergé y étant aussi.

Deux Choristes chantent la strophe *Vexilla*, & le Chœur la répete.

Les deux Choriftes continuent comme ci-deffous
les ftrophes de l'Hymne , & le Chœur répete *Vexilla*
après chaque ftrophe.

Quo vulnerátus ínfuper
Mucróne diro lánceæ ,
Ut nos laváret crímine ,
Manávit undâ & fanguine.

Le Chœur répete , Vexilla.

Les Choriftes. IMPLETA funt quæ cóncinit
David fidéli carmine ,
Dicens : In natiónibus
Regnávit à ligno Deus.

Le Chœur répete Vexilla.

Les Choriftes. ARBOR decóra & fúlgida ,
Ornáta regis púrpura ;
Electa digno ftípite
Tam fancta membra tángere.

Le Chœur répete Vexilla.

M 2

Les Choristes. BEATA, cujus bráchiis
Sæcli pependit prétium,
Statéra facta córporis ;
Prædamque tulit tártari.

Le Chœur répete Vexilla.

Les Choristes. O Crux, ave, spes única ;
Hoc passiónis témpore,
Auge piis justítiam,
Reisque dona véniam.

Le Chœur répete O Crux, ave.

Les Chorstes. TE summa Deus Trínitas,
Collaudet omnis spíritus :
Quos per Crucis mystérium
Salvas, rege per sécula.

Le Chœur répete Te summa.

Après l'Adoration, le Célébrant à genoux devant
la Croix, entonne l'Antienne suivante :

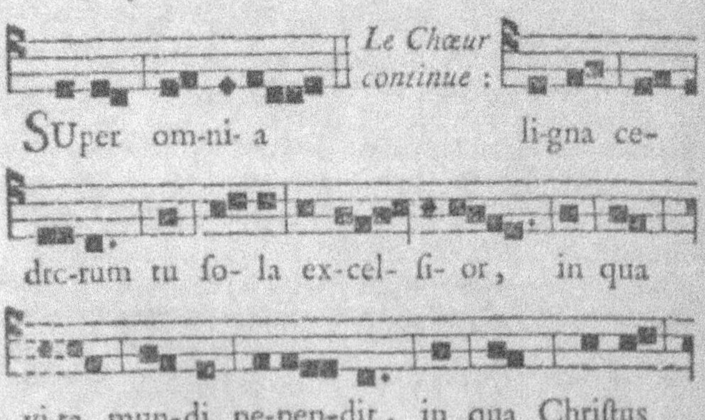

L'Adoration étant finie, l'Officiant & fes Affiftants vont s'habiller & reviennent à l'Autel commencer l'Office comme au Miffel. Après l'*Indulgentiam*, ils vont au Repofoir, ils y adorent le Saint Sacrement ; & le Célébrant l'ayant encenfé trois fois , donne la Bénédiction & revient à l'Autel. Y étant arrivé , il donne une deuxieme Bénédiction, l'encenfe, déploie le Corporal, & continue l'Office.

Après la Communion du Prêtre, le Chœur s'affied & récite les Vêpres d'un feul ton, à voix un peu baffe, & fans lever de Pfeaume ni d'Antienne, excepté le premier Verfet du premier Pfeaume , mais fans en lever l'Antienne ; & de même au *Magnificat* qu'on récite debout & fon Antienne : pour cet effet on fe leve à la médiante du dernier Verfet du cinquieme Pfeaume.

Le Prêtre & fes Miniftres s'affient également au côté de l'Epître pour dire Vêpres. A *Magnificat*, ils fe levent ; & après l'Antienne de ce Cantique , ils remontent à l'Autel, tout le Chœur fe met à genoux, le Célébrant dit l'Oraifon *Refpice* : & ainfi fe termine l'Office du matin.

On fait de fuite l'Examen comme hier ; la Mere-Supérieure le commence par l'Antienne du jour pour les petites Heures, & le termine par l'Oraifon *Refpice*. Enfuite on peut fortir du Chœur; mais on s'y raffemble à l'avant-quart pour la demie, afin de fe rendre en ordre au Réfectoire, en récitant le *De profundis*.

Il n'y a point de Lecture pendant le dîner, & le soir on ne va point au Réfectoire, la collation se faisant dans la Salle même du Chapitre, comme il est dit plus bas.

A une heure & demie, le *Stabat Mater* au Chœur, le Verset & l'Oraison, en place du Chapelet. Ensuite la Lecture, après quoi chacune peut se retirer dans son emploi ; mais avec l'attention de revenir au Chœur si-tôt l'Adoration de trois heures, en supposant qu'on n'a pu s'y rendre pour un moment si précieux.

Après l'Adoration de trois heures, on fera les Stations au nombre de cinq.

Les Demoiselles Pensionnaires feront à pareil temps les mêmes Stations ; la Maîtresse les conduira, & les leur fera commencer de maniere qu'elles n'entreront dans chaque Oratoire qu'après la Communauté.

A quatre heures, Complies & les Ténébres.

A six heures demi-quart, on vient au Chœur se réunir, pour qu'au quart on se rende au Chapitre des coulpes en récitant le *Miserere* sans *Gloria Patri.* Il est précédé de la collation en la maniere prescrite par nos Constitutions, & ce n'est qu'un quart-d'heure après qu'on fait les coulpes. Ce Chapitre se termine par le *Domine, non secundùm,* à la Salle de Communauté.

A sept heures & demie, le *Stabat Mater* est chanté au Chœur, & suivi de la Priere du soir.

LE SAMEDI SAINT.

LE Saint Sacrement est mis, en silence, au grand Autel après la Priere du matin.

A six heures trois quarts, on dit les quatre petites Heures ; ensuite on se retire, n'y ayant que les Malades qui assistent à la Messe basse, s'il y en a une.

A neuf heures l'Office : il commence par des Litanies qui sont répétées quatre fois ; la premiere Choriste dit *Kyrie, eleison*, la deuxieme le répete, le Chœur à droite dit de même, & le Chœur à gauche le répete pour la quatrieme fois ; & ainsi du reste.

du 6.
en C.

KY-ri-e, ele-i-son.

Christe, eléison.

Kyri-e, eléison.

Pater de cœlis De-us, miserere nobis.
Fili Redemptor mundi Deus, Miserére nobis.
Spiritus sancte Deus, Miserére nobis.
Sancta Trinitas unus Deus, Miserére nobis.

Sancta Ma-ri-a, ora pro nobis.

M 4

Sancte Michael, ora pro nobis.

Omnes sancti Angeli & Archangeli, ora-te

pro nobis.

Sancte Joannes Baptista, ora pro nobis.
Omnes sancti Patriarchæ & Prophétæ, oráte pro
  nobis.
Sancte Petre, ora pro nobis.
Sancte Paule, ora pro nobis.
Omnes sancti Apóstoli & Evangelistæ, oráte pro
  nobis.
Sancte Stéphane, ora pro nobis.
Sancte Dionysi, cum Sóciis tuis, ora pro nobis.
Omnes sancti Mártyres, oráte pro nobis.
Sancte Sylvester, ora pro nobis.
Sancte Marcelle, ora pro nobis,
Omnes sancti Confessores, oráte pro nobis.
Sancta María Magdaléne, ora pro nobis.
Sancta Agnes, ora pro nobis.
Omnes sanctæ Vírgines, oráte pro nobis.
Omnes Sancti, oráte pro nobis.

Propi-ti-us e-sto, Parce nobis, Domine.

Ab omni malo, Líbera nos, Dómine.
In die judícii, Líbera nos, Dómine.

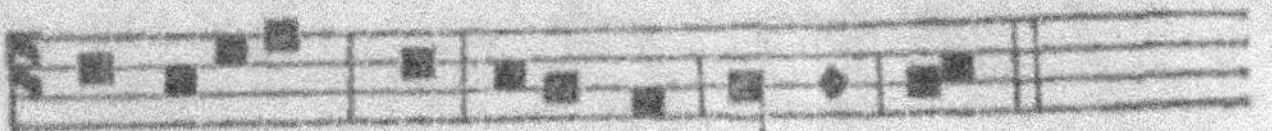

Ut pacem nobis dones, te rogámus, audi nos.
Ut spátium pœniténtiæ nobis dones, te rogámus, audi nos.
Ut Ecclésiam tuam sanctam régere & defensáre dignéris, te rogámus, audi nos.
Ut domnum Apostólicum & omnes Ecclesiásticos Ordines in sancta religióne conserváre dignéris, te rogámus, audi nos.
Ut Antístitem nostrum, & omnes Congregatiónes illi commissas, in tuo sancto servitio conserváre dignéris, te rogámus, audi nos.
Ut Regem nostrum conserváre dignéris, te rogámus, audi nos.
Fili Dei, te rogámus, audi nos.

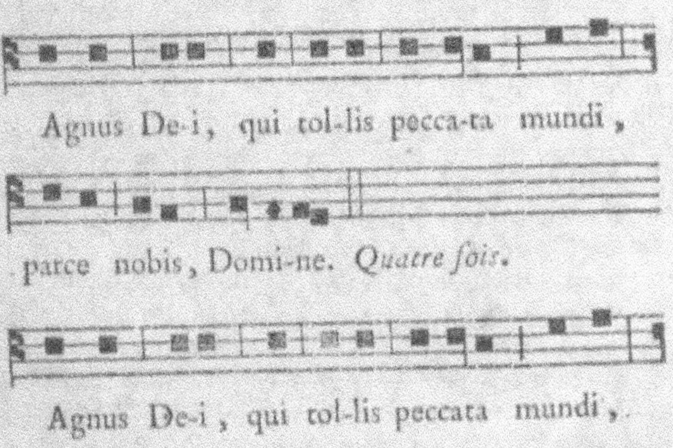

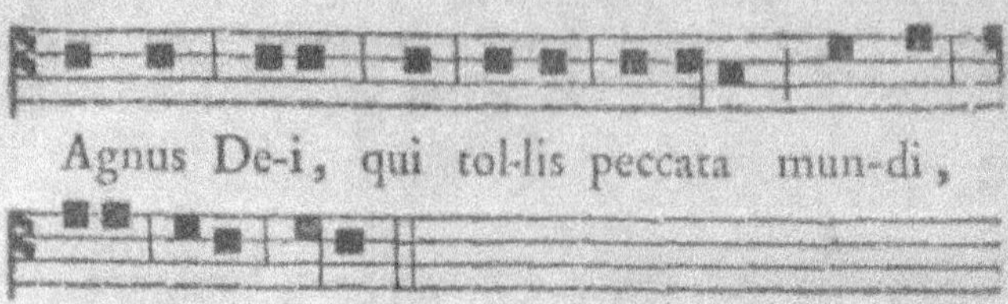

dona nobis pacem. *Quatre fois.*

Pendant les Litanies, on fait la Bénédiction du Feu nouveau : la Sacristine fait passer dans la Sacristie tout ce qui est nécessaire pour cela.

La Sacristine allume des charbons avec le feu qu'elle tire d'une pierre, & les met dans l'Encensoir.

Le Célébrant, revêtu d'une Etole & d'un Manipule blanc, suivi d'un Diacre & d'un Soudiacre également en Aube, en Etole & en Manipule de même couleur, & de deux Acolytes portant, le premier de l'Eau-bénite, le second les cinq grains d'Encens qui doivent être mis au Cierge Paschal, fait la Bénédiction comme il est marqué au Missel.

Les Litanies étant finies, le Célébrant revêtu d'une Chasuble blanche, & le Diacre & Soudiacre de Dalmatique & Tunique, vont à l'Autel précédés d'un Acolyte qui porte l'Encensoir & les cinq grains d'Encens, & des Céroféraires qui portent des cierges sans être allumés, le Prêtre monte à l'Autel, & le baisant au milieu, il se place au côté de l'Epître. Le Diacre demande la Bénédiction au Prêtre ; & accompagné du Soudiacre & des autres Ministres, il va au Pulpitre & y chante l'*Exultet*, & fait ce qui est prescrit au Missel.

Tout le Chœur étant debout comme à l'Evangile, les Choristes répondent comme il suit en chantant, aux Versets qui se rencontrent dans l'*Exultet*.

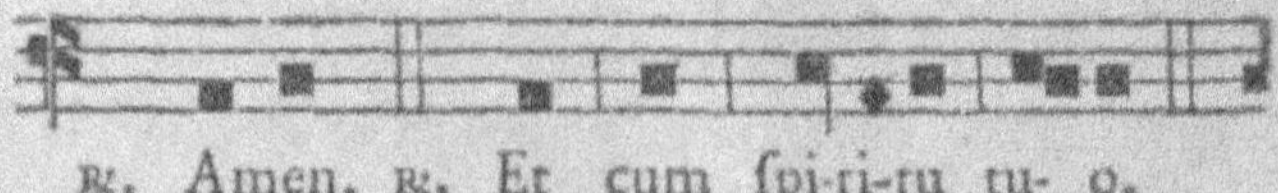

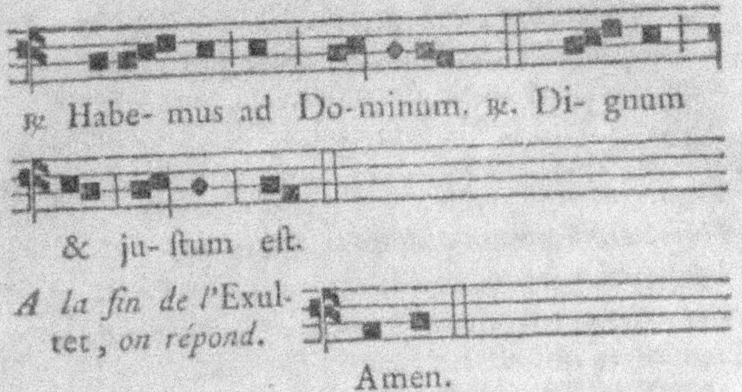

A la fin de l'Exul- tet, on répond.

Après la Bénédiction du Cierge Paschal, deux Lecteurs récitent quatre Leçons, & deux Sœurs Choristes disent les Traits, excepté le quatrieme qu'on ne dit point. Pendant les Leçons, & les Traits, le Chœur se tient assis & ne se leve qu'aux Orai- sons : à la fin de la derniere, deux Choristes enton- nent les secondes Litanies que tout le Chœur répete une seconde fois. Cette Litanie est la troisieme de notre Semaine sainte.

KYrie, eléison.

Christe, audi nos.

Sancta Trínitas unus Deus, miserére nobis.

Sancte Sanctórum Deus, miserére nobis.

Sancta Virgo Vírginum, ora pro nobis.

Sancte Ráphael, ora pro nobis.

Omnes sanctæ Virtútes cœlórum, oráte pro no- bis.

Sancte Joannes Evangelísta, ora pro nobis.

Sancte Bartholomæe, ora pro nobis.

Omnes sancti Apóstoli, oráte pro nobis.

Omnes sancti Innocentes, oráte pro nobis.

Sancte Laurenti, ora pro nobis.

Sancte Vincenti, ora pro nobis.

Omnes sancti Mártyres, oráte pro nobis.

Sancte Martíne, ora pro nobis.

Sancte Ceraune, ora pro nobis.

Omnes sancti Confessores, oráte pro nobis.

Sancta Thecla, ora pro nobis.

Sancta Cæcília, ora pro nobis.

Omnes sanctæ Vírgines, oráte pro nobis.

Omnes Sancti, oráte pro nobis.

Propitius esto, parce nobis, Dómine.

Per sepulcrum tuum, Líbera nos, Dómine.

Per sanctam resurrectiónem tuam, libera nos, Dómine.

In die judícii, líbera nos, Dómine.

Peccatóres, Te rogámus, audi nos.

Ut fidem, spem & caritátem nobis dones, Te rogámus, audi nos.

Ut fructus terræ dare & conserváre dignéris, te rogámus, audi nos.

Ut cunctum pópulum Christiánum pretióso sánguine tuo redemptum conserváre dignéris, te rogámus, audi nos.

Ut nos exaudíre dignéris, te rogámus, audi nos.

Ut ad gáudia ætérna nos perdúcere dignéris, te rogámus, audi nos.

Fili Dei, te rogámus, audi nos.

Agnus Dei, qui tollis peccáta mundi, parce nobis, Dómine. *deux fois.*

Agnus Dei, qui tollis peccáta mundi, exaudi nos, Dómine. *deux fois.*

Agnus Dei, qui tollis peccáta mundi, dona nobis pacem. *deux fois.*

On termine cette Litanie par le Kyrie de la Messe, & c'est la premiere Choriste qui l'entonne.

A cette Messe, on sonne la cloche à l'intonation du *Gloria in excelsis*; on ne chante point le *Credo*, ni *Agnus Dei*, ni Communion, ni *Domine, salvum fac Regem*, & l'Orgue n'y est point touché.

Après la Communion du Prêtre, la premiere Choriste entonne l'Antienne

à la Mere-Supérieure ; & lorsque celle-ci l'a élevée, la même Choriste entonne le Pseaume *Laudate Dominum, omnes gentes*, que les Chœurs continuent alternativement sans *Gloria Patri*, & de suite son Antienne qui commence par *Alleluia*. Le Célébrant entonne l'Antienne du Cantique *Magnificat*, qui de suite est levée par la premiere Choriste.

Magnificat du 6 en F.

Qui-a fecit mihi magna qui po-tens es, *
& fanctum nomen e- jus.
Et mi-fe-ricor-di-a e-jus à progeni-e in
proge-ni-es, * timenti-bus e- um.
Fe-cit potentiam in brachi-o fu- o : * dif-
perfit fuperbos mente cor-dis fu- i.
Depo-fu it potentes de fe- de , * & exal-
ta-vit hu-mi-les.
E-fu-ri-entes implevit bo- nis , * & divites
dimi- fit i-na- nes.

Suf-ce-pit Ifra-el pu-erum fu- um, * recor-

datus mi-fericordi- æ fu- æ.

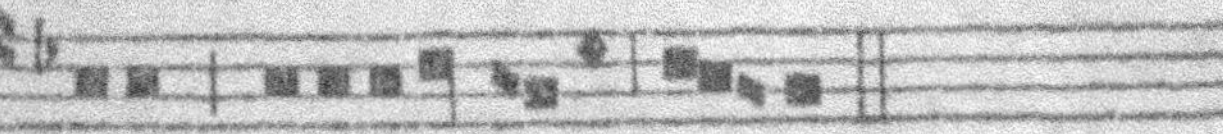

Si-cut locutus eft ad Patres no- ftros , *

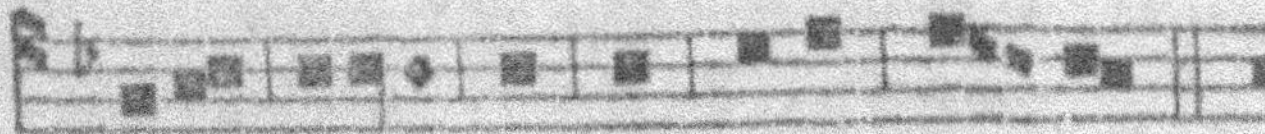

Abraham & femini e jus in fe-cu-la.

Après l'Antienne, le Célébrant retourne à l'Autel, chante *Dominus vobifcum*, dit l'Oraifon & donne la Bénédiction comme à l'ordinaire.

Le Diacre chante *Ite, Miffa eft* ; le Chœur y répond comme il fuit :

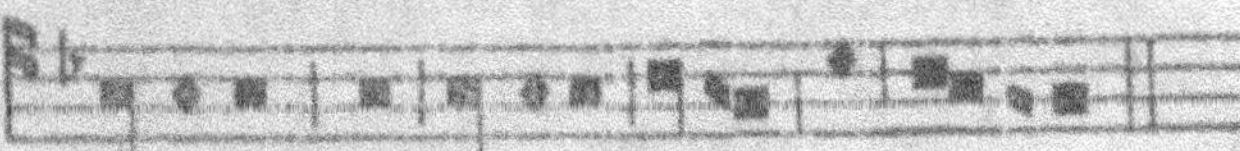

De- o gra- ti- as.

La Mere-Supérieure fait enfuite les Suffrages ordinaires d'après la Meffe.

A l'Examen d'onze heures , on dit le *Veni, fanĉte ,* & on le termine par la Collecte du jour : ce qui s'obferve jufqu'au Samedi fuivant inclufivement.

Le Bénédicité & les Graces font propres pour ce jour comme au Coutumier. Il faut obferver de ne point dire de *Gloria Patri* au Pfeaume *Laudate Dominum , omnes gentes.*

A une heure & demie, le Salut à l'Oratoire de la fainte Vierge : on y chante debout le *Regina cœli,* le ℣. *Circumdedifti me,* & l'Oraifon *Deus qui per refurrectionem* ; ci-après au Commun des Saluts. Enfuite la Lecture.

Depuis ce jour jufqu'au Samedi de Pâques inclufivement, on ne fonne plus les trente coups à trois
heures,

A cinq heures un quart, le Chapelet fans *Gloria
Patri.*

A fix heures, Complies, fuivant la Rubrique
prefcrite au Bréviaire : on y dit debout le *Regina
cœli,* Ce qui s'obferve tout le Temps Pafchal.

A huit heures, la Priere du foir, & le coucher
de fuite.

Deux Adoratrices reftent de huit à dix. Les autres veillent comme à l'ordinaire.

LE SAINT JOUR
DE PASQUES.

A Trois heures & demie du matin, on sonne le premier coup de Matines, & il servira de réveil. A trois heures trois quarts, on sonnera le second. A l'avant-quart de quatre heures, on sonnera le troisieme, & toute la Communauté se rendra au Chœur pour la Priere, qui commencera à quatre heures précises.

A la fin de la Priere, on sonnera le dernier coup de Matines qui commenceront tout de suite aprés la Lecture du Point de méditation.

Ces Matines sont psalmodiés comme en tout temps; mais on y chante le *Te Deum.*

Aprés l'Office de Laudes, on fait l'Oraison jusqu'à six heures.

L'Office de Prime sera sonné à la demie & aux trois quarts, parce qu'il est fort abrégé.

Aprés l'Examen d'onze heures, on dit la Collecte du jour; ce qui s'observe toute la semaine, en variant l'Oraison.

Les Vêpres, aujourd'hui & les jours de la semaine jusqu'au Samedi inclusivement, se terminent à l'Oraison du *Magnificat*, supprimant tout ce qui est de plus dans la Semaine-sainte.

AU SALUT.

On ne chante point de Motet du Saint Sacrement, mais un de la Résurrection, ou le Répons suivant, *Ego sum Alpha.*

* N

E-Go sum Al-pha & O- me- ga,

principi-um & fi- nis, di-cit Dominus De-

us, qui est, & qui e-rat, & qui ventu-

rus est omni- potens : Ego sum pri-mus, &

no-vissimus, & vi- vus, & su-i mor-tu-us,

& ecce sum vi- vens in secula se-

cu-lo- rum, & habe- o claves mor- tis &

Leger.

in-fer- ni   *   Qui vi- cerit, scribam su-

per e-um nomen ci-vita-tis De- i me- i ;

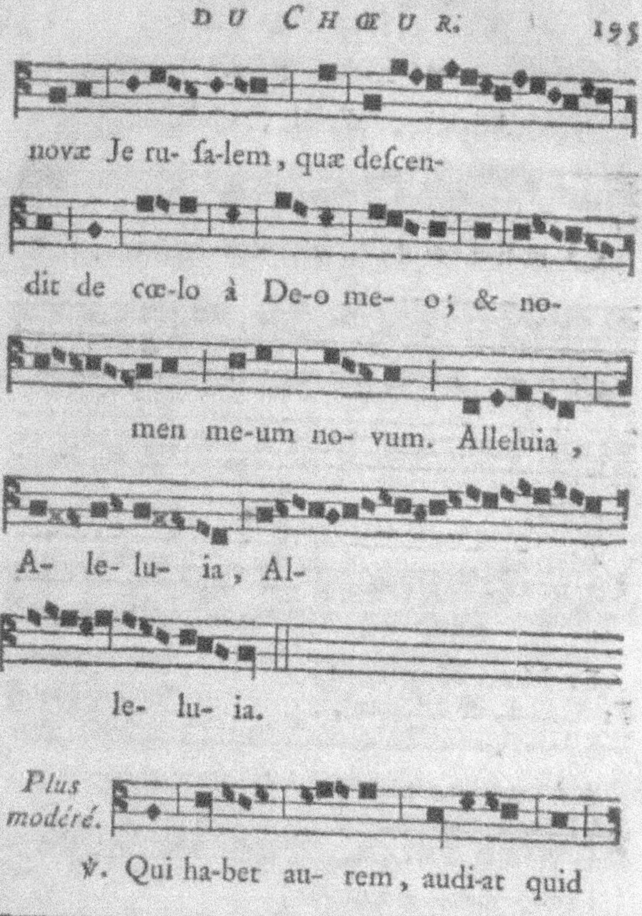

Plus modéré.

*La reprise à *.*

Qui vi-ce-rit.

Allelúia , allelúia , allelúia.

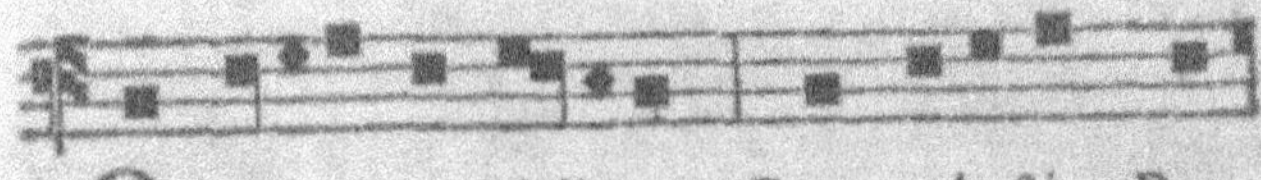

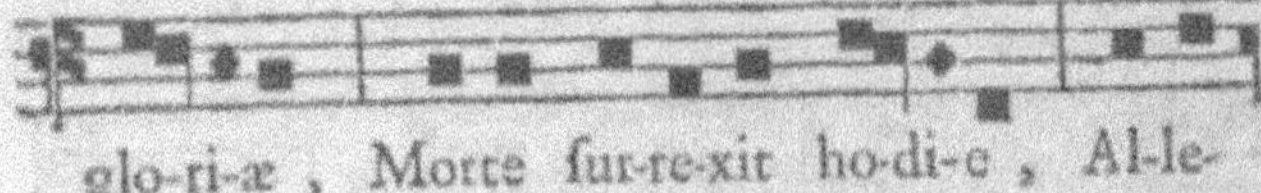

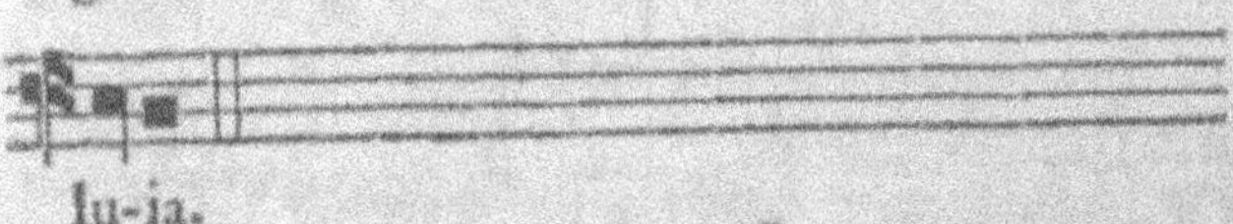

Le
Chœur.

Allelu-ia , Al-le-lu-ia , Allelu-ia.

Et María Magdaléne ,
Et Jacóbi , & Salóme ,
Venérunt corpus úngere , allelúia. *Ch.* Allelúia,&c.

A Magdaléna móniti ,
Ad óstium monumenti
Duo currunt discípuli , allelúia.　Allelúia , &c.

Sed Joannes Apóstolus ,
Cucurrit Petro citiùs ,
Ad sepulcrum venit priùs , allelúia. Allelúia , &c.

In albis sedens Angelus ,
Respondit muliéribus :
Quia surrexit Dóminus , allelúia. Allelúia , &c.

Discipulis astántibus ,
In médio stetit Christus ,
Dicens : Pax vobis ómnibus , allelúia. Allelúia.

Postquam audívit Dídymus
Quia surréxerat Jesus,
Remansit fide dúbius, allelúia. Allelúia, &c.

Vide, Thoma, vide latus,
Vide pedes, vide manus,
Noli esse incrédulus, allelúia. Allelúia, &c.

Quando Thomas Christi latus,
Pedes vidit atque manus,
Dixit : Tu es Deus meus, allelúia. Allelúia, &c.

Beati qui non vidérunt,
Et firmiter credidérunt,
Vitam æternam habébunt, allelúia. Allelúia, &c.

In hoc festo sanctíssimo
Sit laus & jubilátio :
Benedicámus Dómino, allelúia. Allelúia, &c.

De quibus nos humíllimas,
Devótas atque débitas
Deo dicámus grátias, allelúia. Allelúia, &c.

℣. Notas mihi fecísti, Dómine, vias vitæ :
℞. Adimplébis me lætítiâ cum vultu tuo.

Orémus.

DEus, qui hodiernâ die per Unigénitum tuum æternitátis nobis áditum devictâ morte reserásti : vota nostra quæ præveniendo aspíras, étiam adjuvando proséquere ; Per eumdem, &c.

L'Antienne de la sainte Vierge, } Ci-après au
Regina cœli.   } Commun des
   Le *Domine, salvum fac Regem.* } Saluts.

Les Matines à huit heures, comme à l'ordinaire.

N 3

LE LUNDI DE PASQUES.

IL y aura une Sœur nommée pour adorer de cinq à sept du matin.

Le lever à six heures : le son de l'*Angelus* sert de réveil, quoiqu'on aille ensuite frapper aux portes des Cellules pour celles qui ne l'auroient point entendu.

A six heures & demie, le premier coup de Primes : il servira d'avertissement pour faire descendre au Chœur la Communauté pour la Priere du matin, qui commencera dès que le sable de cinq minutes sera passé. [*Il aura été tourné par l'Adoratrice au moment de la demie.*]

Le reste du jour & toute la semaine, l'Office de Pâques, comme il est prescrit dans notre Bréviaire.

Lorsque le premier Vendredi d'Avril s'y rencontre, on chante la Messe & les Vêpres du Vendredi de Pâques.

On garde au Salut la même Rubrique qu'au jour de Pâques, ne disant point d'Antienne au Saint Sacrement, mais le Répons *Ego sum* ; le Verset *Notas mihi fecisti* ; mais l'Oraison est celle du jour.

Orémus.

DEus, qui diversitátem géntium in confessióne tui nóminis adunásti ; da ut renátis fonte baptísmatis una sit fides méntium, & píetas actiónum ; Per.

On peut aussi, en place du Répons *Ego sum*, dire l'Antienne suivante, qui est également de la Résurrection.

Le ℣. *Notas*, &c. p. 197, l'*Oremus* ci-dessus, ensuite
Regina cœli. Domine salvum, & l'Amende honorable.

POUR LES ROGATIONS.

CEs trois jours des Rogations & de Processions gé-
nérales furent instituées par l'Archevêque de Vienne ,
dans le cinquiéme siécle , pour demander à Dieu
la rémission des péchés , & la bénédiction sur les
fruits de la terre.

Durant ces trois jours , le principal coup de l'Office de Primes est sonné à six heures un quart ; le
second à l'avant-quart pour la demie , afin que l'Office commence à la demie précise.

La Procession de ces trois jours se fait après l'Office de Tierce , la marche en est la même qu'à celle
pour l'entrée des Postulantes : l'on y porte les manteaux. On la fait autour des jardins , la Mere-Supérieure y fait l'aspersion de l'Eau-bénite à droite & à
gauche : à cet effet la Sœur Sacristine marche à
côté d'elle portant le Bénitier.

LE LUNDI
DES ROGATIONS.

La Mere-Supérieure.

La Mere-Supérieure , Orémus.

MEntem famíliæ tuæ, quæfumus, Dómine, interveniente beâtâ Dei genitríce Maríâ cum ómnibus Sanctis, & múnere compunctiónis áperi, & largitáte pietátis exaudi; Per eumdem Chriftum Dóminum noftrum. ℟. Amen.

En fortant du Chœur , la premiere Chorifte entone :

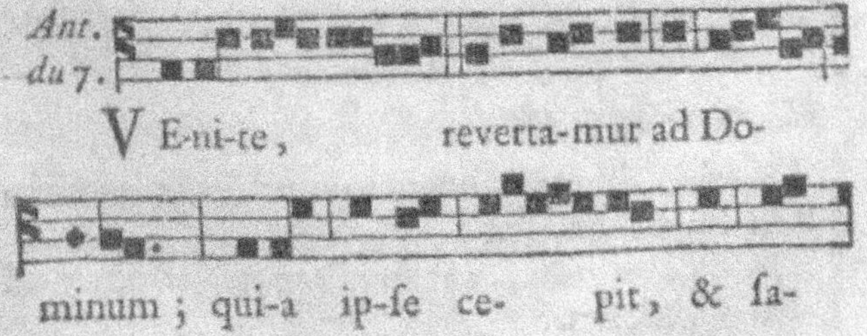

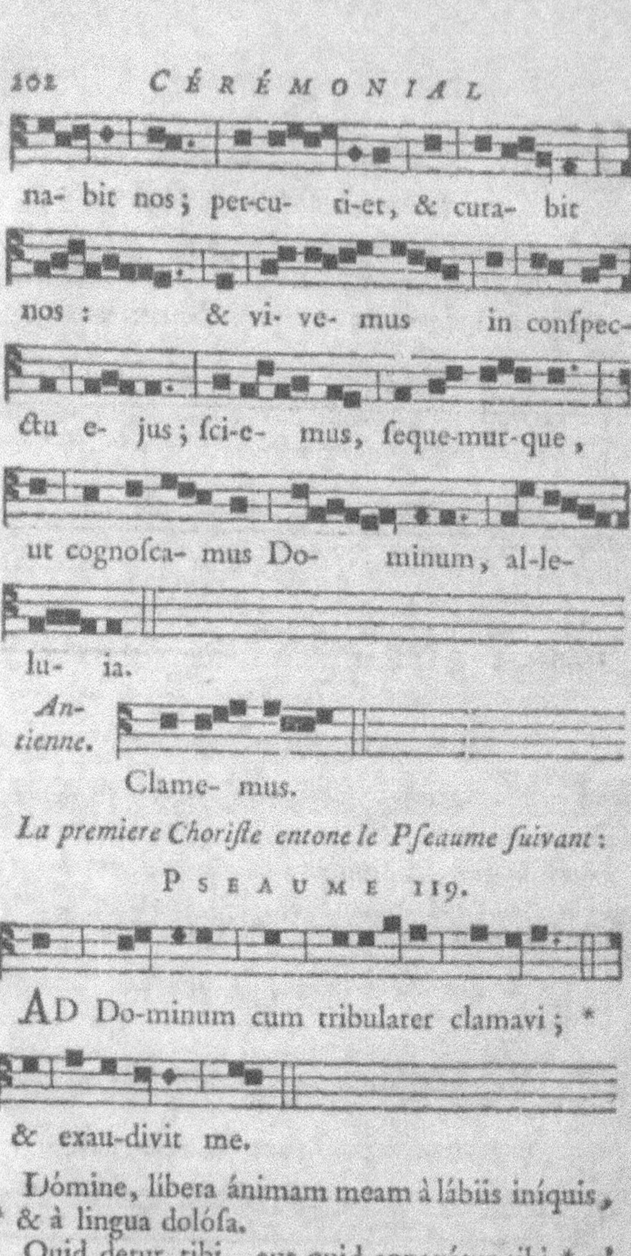

La premiere Choriste entone le Pseaume suivant :

PSEAUME 119.

Dómine, líbera ánimam meam à lábiis iníquis, * & à lingua dolósa.

Quid detur tibi, aut quid apponátur tibi * ad linguam dolósam?

Sagittæ potentis acútæ, * cum carbónibus de-
folatóriis.

Heu mihi, quia incolátus meus prolongátus
eſt! habitávi cum habitántibus Cedar : * multùm
íncola fuit ánima mea.

Cum his qui odérunt pacem, eram pacíficus ; *
cùm loquébar illis, impugnábant me gratis.

Glória Patri & Fílio, * & Spirítui ſanĉto :

Sicut erat in princípio, & nunc, & ſemper,
& in ſécula ſeculórum, Amen.

An-
tienne.
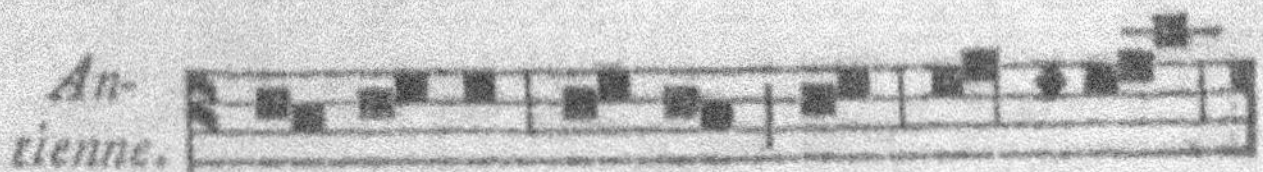

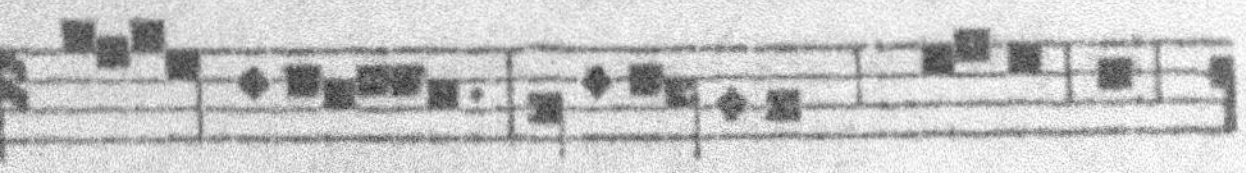

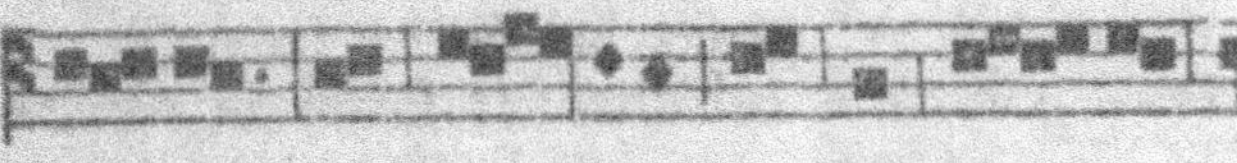

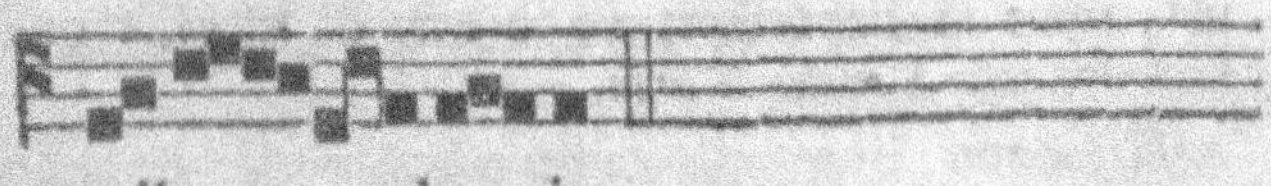

a-lle- lu- ia.

LA STATION AU CRUCIFIX.

On y chante ce qui suit :

PEcca-ta no- stra Chri-stus pertulit

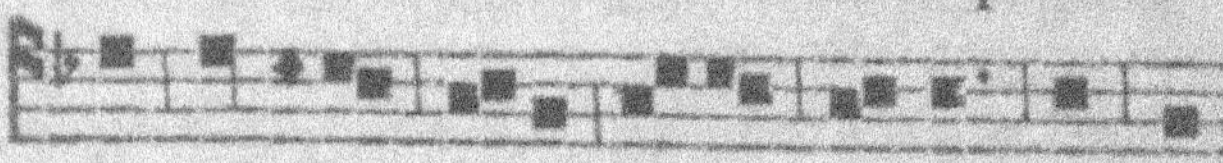

in corpo-re su- o su- per li-gnum ut pec-

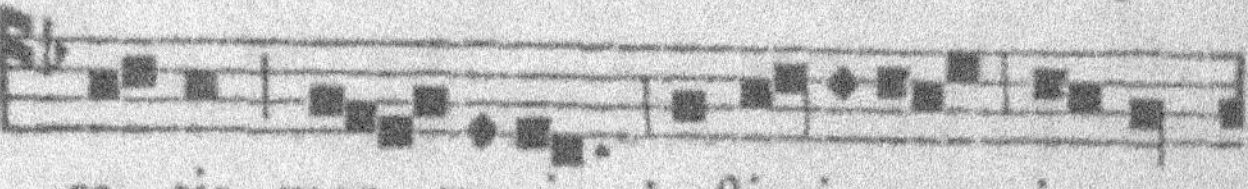

ca- tis mor- tu- i , ju-sti ti- æ vi- va-

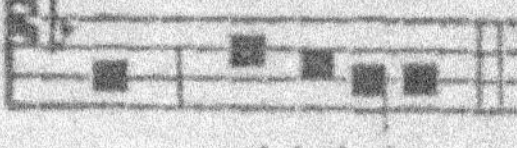

mus , al-leluia.

℣. Ipse rédimet Israel ,
℟. Ex ómnibus iniquitátibus ejus.

L'Officiante , Orémus.

DEus, qui per Unigéniti tui Passiónem & Crucis patibulum , genus humánum redemísti ; da nobis Christum habitáre per fidem in córdibus nostris : ut cum ómnibus Sanctis , quæ sit ejus Crucis longitúdo , latitúdo , sublimitas & profundum , mente devótâ comprehéndere possímus ; Per eumdem Christum Dóminum nostrum.

Après cette Oraison on retourne au Chœur par le chemin le plus long en chantant les Litanies suivantes, mais la Procession ne se met en marche qu'à l'invocation *Sancta Maria.*

Il faut observer qu'on peut plutôt passer quelques invocations , que de supprimer des Suppliques.

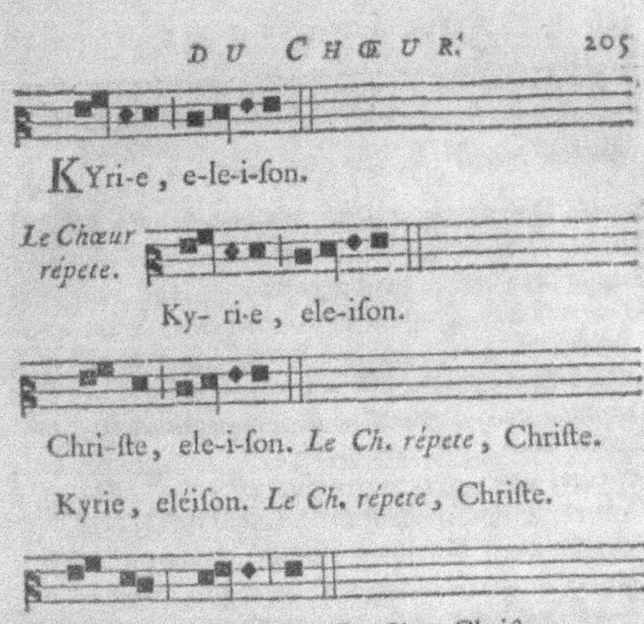

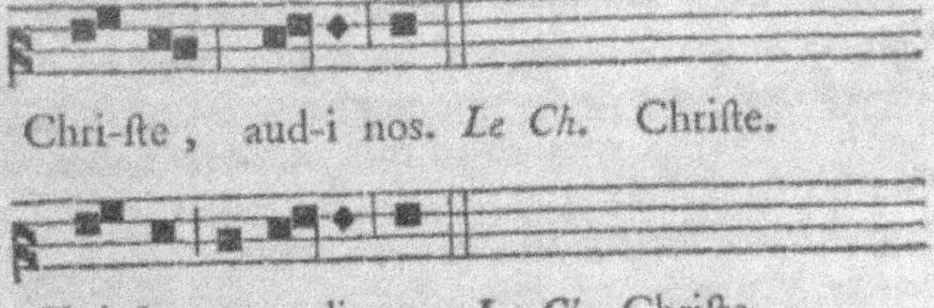

Fili redemptor mundi Deus, *le Ch.* Miserére
  nobis.
Spíritus sancte Deus, *le Ch.* Miserére nobis.
Sancta Trinitas unus Deus, *le Ch.* Miserére
  nobis.

Sancta Ma-ri- a, ora pro nobis.

Sancta Dei Génitrix, ora pro nobis.
Sancta Virgo Vírginum, ora pro nobis.
Sancte Michael, ora pro nobis.
Omnes sancti Angeli & Archángeli, oráte pro
  nobis.
Sancte Joannes Baptista, ora pro nobis.
Omnes sancti Patriarchæ & Prophétæ, oráte.
Sancte Petre, ora pro nobis.
Sancte Paule, ora pro nobis.
Omnes sancti Apóstoli & Evangelistæ, oráte.
Omnes sancti Discípuli Dómini, oráte pro nobis.
Omnes sancti Innocentes, oráte pro nobis.
Sancte Stéphane, ora pro nobis.
Sancte Dionysi, cum Sóciis tuis, ora pro nobis.
Omnes sancti Mártyres, oráte pro nobis.
Sancte Pater Augustine, ora pro nobis.
Sancte Marcelle, ora pro nobis.
Sancte Germáne, ora pro nobis.
Omnes sancti Pontífices & Conféssores, oráte.
Omnes sancti Doctóres, oráte pro nobis.
Sancte Clodoalde, ora pro nobis.
Sancte Joseph, ora pro nobis.
Sancte Ludovíce, ora pro nobis.
Omnes sancti Sacerdótes & Levítæ, oráte pro
  nobis.
Omnes sancti Mónachi & Eremítæ, oráte.
Sancta Genovéfa, ora pro nobis.
Sancta Mater AUREA, ora pro nobis.
Sancta Clotíldis, ora pro nobis.
Omnes sanctæ Vírgines & Víduæ,   oráte.
Omnes Sancti & Sanctæ Dei, oráte pro nobis.

Ab omni peccáto , líbera nos, Dómine.
A subitánea & improvísa morte , líbera.
Ab insídiis diáboli , líbera.
Per mystérium sanctæ incarnatiónis tuæ, líbera.
Per crucem & passiónem tuam , líbera.
Per mortem & sepultúram tuam , líbera.
Per sanctam resurrectiónem tuam , líbera.
Per admirábilem ascensiónem tuam , líbera nos,
    Dómine.

Ut remissiónem peccatórum nostrórum nobis do-
    nes, te rogámus, audi nos.
Ut compunctiónem cordis fontemque lacrymá-
    rum nobis dones, te rogámus.
Ut fidem, spem & caritátem nobis dones , te
    rogámus.
Ut Ecclésiam tuam sanctam régere & conserváre
    dignéris, te rogámus.
Ut Regem nostrum cum omni pópulo suo pro-
    tégere dignéris, te rogámus.
Ut cuncto pópulo Christiáno pacem & unitátem
    largíri dignéris, te rogámus.

Ut mentes nostras ad cœléstia desidéria érigas, te
  rogámus.
Ut fructus terræ dare & conservàre dignéris, te
  rogámus.
Ut ómnibus fidélibus defunctis réquiem æternam
  donáre dignéris, te rogámus, audi nos.

A-gnus De-i qui tollis peccata mun-di ;

Par-ce no bis, Domine.

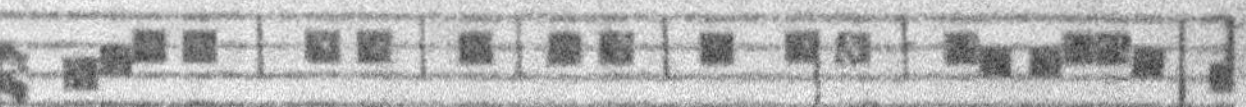

A-gnus De-i, qui tollis peccata mun-di ;

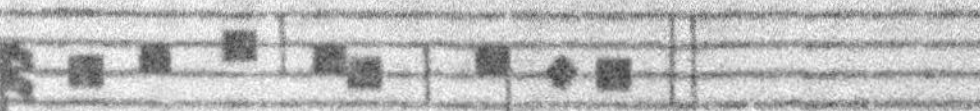

Exau-di nos, Domine.

Agnus Dei qui tollis pecáta mundi,

Mísere-re nobis.

En rentrant au Chœur on chante l'Antienne de
Sainte Aure, *In resurrectióne*, ci-dessus page 165,
le ℣. *Virgines*, & l'Oraison *Deus qui.*

Ensuite commence la Messe de Communauté,
l'Action des graces pour la sainte Communion est
continuée (d'après les suffrages ordinaires) l'espace
d'un quart-d'heure, quand même il seroit beaucoup
plus de huit heures. Cependant les Sœurs-Portieres
s'arrangeront entre elles, de maniere à ce qu'il y en
ait une d'elles qui puisse répondre au Tour, s'il en
est besoin.

LE

LE MARDI DES ROGATIONS.

Avant que la Procession sorte du Chœur, l'Antienne Exurge, comme ci-dessus, avec l'Oraison Mentem familiæ.

En sortant, l'Antienne Venîte, comme ci-dessus, page 201.

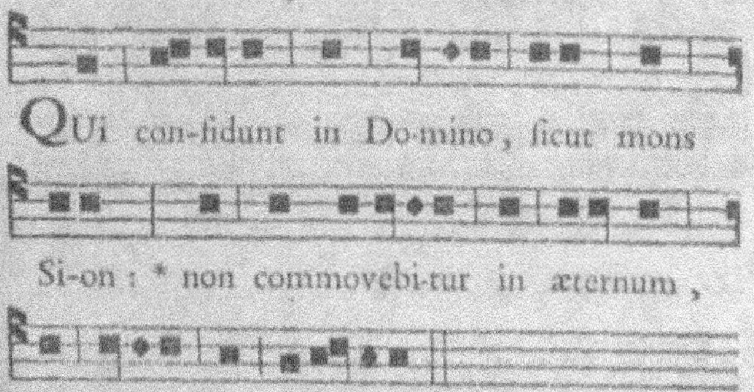

PSEAUME 124.

Montes in circúitu ejus, & Dóminus in cir-cúitu pópuli sui, * ex hoc nunc, & usque in séculum.

Quia non relinquet Dóminus virgam pecca-tórum super sortem justórum, * ut non exten-dant justi ad iniquitátem manus suas.

Bénefac, Dómine, bonis, * & rectis corde.

Declinantes autem in obligatiónes addúcet Dóminus cum operántibus iniquitátem : * pax super Israel.

Glória Patri.

* O

STATION

A l'Oratoire de la Sainte Vierge.

On chante l'Antienne Regina cœli, *&c.*
Le reste , comme hier.

LE MERCREDI.

Avant que la Procession ne sorte du Chœur , l'An-
tienne Exurge , *sa reprise , avec l'Oraison* Mentem
familiæ.

En sortant , l'Antienne Venite. *Le tout comme*
ci-dessus , page 200.

Les deux Sœurs Choristes levent l'Antienne sui-
vante :

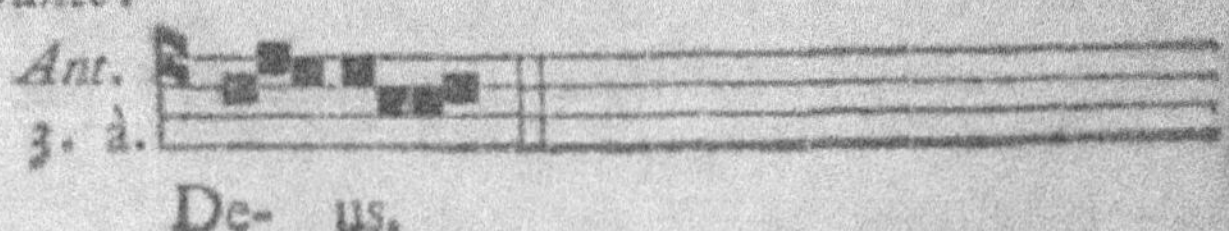

PSEAUME 129.

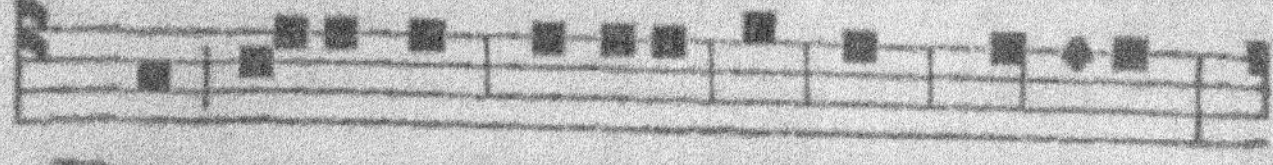

Domine, exaudi vocem me-am.

Fiant aures tuæ intendentes * in vocem deprecatiónis meæ.

Si iniquitátes observáveris, Dómine; * Dómine, quis suftinébit?

Quia apud te propitiátio eft, * & propter legem tuam suftínui te, Dómine.

Suftínuit ánima mea in verbo ejus, * sperávit ánima mea in Dómino.

A cuftódia matutína usque ad noctem * speret Israel in Dómino;

Quia apud Dóminum misericórdia, * & copiósa apud eum redémptio.

Et ipfe rédimet Israel * ex ómnibus iniquitátibus ejus.

Glória Patri.

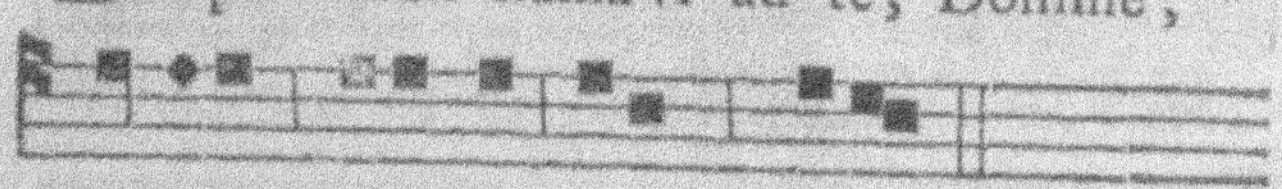

STATION

A l'Oratoire de St. Augustin.

℣. Beátus vir qui dispónet sermónes suos in judício :

℟. In ætérnum non commovébitur.

Orémus.

O Mnípotens & miséricors Deus, qui beátum Augustínum Evangélii grátiæ tuæ testem & propugnatórem in Ecclésia suscitásti : ejúsdem grátiæ quæsumus, in nobis osténde virtútem, ut & voluntátem tuam, te docénte, cognóscere, & eam corde magno valeámus, te operánte, perfícere ; Per Christum Dóminum nostrum.

℟. Amen.

Le reste comme à l'ordinaire.

L'ASCENSION
DE NOTRE-SEIGNEUR.
GRAND-SOLEMNEL. (L. M.)

AUjourd'hui l'Office de Prime est sonné à l'avant-quart de la demie & des trois quarts ; ce qui s'observe aux Annuels, aux Grands-Solemnels, & tous les jours dans l'année auxquels le très-saint Sacrement est exposé à la Messe de sept heures.

AU SALUT.

On chante d'abord une Antienne ou Répons, le Verset & l'Oraison du très-saint Sacrement.

Ensuite un Motet du Mystere, auquel on peut substituer l'Offertoire ou la Communion du jour, pris au grand Livre de Plein-chant figuré, ou bien la Prose suivante.

PROSE.

SOlemnis hæc festívitas
Novum instaurat gáudium,
Quâ perennis felícitas
Propónitur in præmium.

Christus scandens in æthera
Mortis fregit poténtiam ;
Sedens Patris in déxtera
Jugem parat lætíriam.

Dies per multos sæpius
Suis vivus appáruit ;
Et cómitum cor dúrius
Mitis magister árguit.

Suos per Gentes ímperat
Ferre salútis núntium;
Sed non priùs quàm ásserat
Dei Virtus auxílium.

Discipulis mirántibus,
Cœlo triumphans rédditur;
Et subdúctus aspéctibus,
Nube clarâ suscipitur.

Qui penetrávit ínferas
Domos Redemptor pácifer,
Se fert in sedes súperas
Mundi suprémus árbiter.

An ascendénte dúcitur
Regnatúra captívitas:
Palma victis asséritur,
Mórtuis immortálitas.

Ut ascendit, sic véniet
Sedens in nubis sólio;
Pœnâ malos afficiet
Judex, bonósque præmio.

Patri monstrat afsíduè
Quæ dura tulit vúlnera:
Et sic pacis perpétuæ
Nobis exórat fœdera.

Nunc ánimis accípite
Parátum cœlo præmium,
Ut membrórum cum cápite
Arctius sit consórtium.

Quos hìc órphanos déseris,
Jesu, réspice cœlitus;
Mitte nobis è súperis
Promíssi dona Spíritus.

Tibi devótis méntibus
Per te lucéscat véritas :
Per te succénsis córdibus
Divína flagret cáritas.

Amen.

℣. Dóminus in cœlo parávit sedem suam ;
℟. Et regnum ipsíus ómnibus dominábitur.

Orémus.

ADesto, Dómine, supplicatiónibus nostris ; ut sicut humáni géneris Salvatórem consedére tecum in tua majestáte confitémur, ita úsque ad consummatiónem séculi manére nobíscum, quemadmodùm est pollícitus, sentiámus Jesum Christum Dóminum nostrum ; qui tecum vivit & regnat Deus.

℟. Amen.

Regina cœli.   ⎱ *Ci-après, au commun des*
Dómine, salvum. ⎰ *Saluts.*

LE SAINT JOUR
DE LA PENTECÔTE.

ANNUEL. (L. M.)

AU SALUT.

*La même rubrique qui a été indiquée pour celui de
l'Ascension.*

PROSE.

IN labore re-qui-es, In æ-stu tem-pe-ri-es,
In fle-tu so-la- ti-um.
O Lux be-a-tif-fi-ma, Re-ple cor-dis in-
tima Tu- o-rum fide-li-um.
SINE tu- o numine, Ni-hil est in homine,
Ni-hil est inno-xi-um.
LAVA quod est fordidum, Riga quod est a-
ridum, Sana quod est faucium.

℣. Emitte Spíritum tuum, & creabuntur;
℟. Et renovábis fáciem terræ.

Orémus.

DEus, qui nos per Spíritum sanctum in adoptiónem filiórum regenerasti : eódem inspirante, corda nostra dirige in caritáte tua; ut in omni ópere bono perseverantes, promissam hereditátem consequámur; Per Christum.

Regína cœli.
Dómine, salvum. } *Au Commun des Saluts.*

LA FETE
DE LA TRÈS Ste. TRINITÉ.

PETIT SOLEMNEL. (P. M.)

L'Office de Prime est sonné aux avant-quarts, ayant le Symbole *Quicumque* à réciter comme à son propre jour.

A U S A L U T.

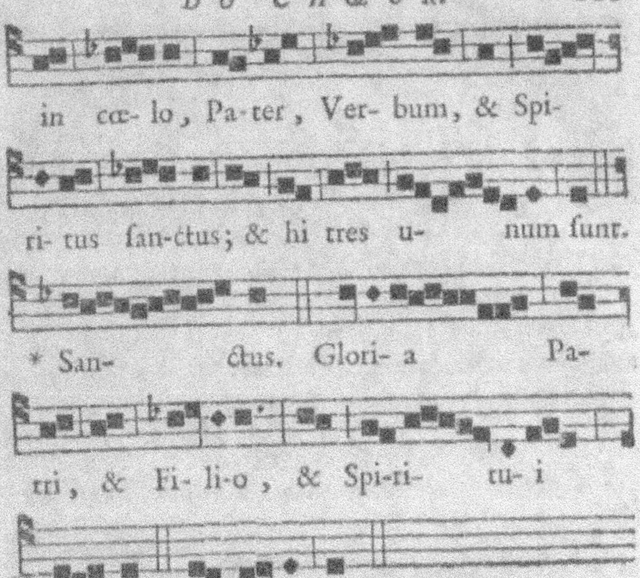

℣. Sit nomen Dómini benedíctum,
℟. Ex hoc nunc, & ufque in féculum.

Orémus.

DOmine Deus, Pater omnípotens, fámulos tuæ Majeftáti fubjectos, per únicum Fílium tuum, in virtúte Spíritûs fancti bénedic & prótege ; ut te defiderémus fidéliter, agnofcámus veráciter, & fincériter diligámus; Per eumdem Chriftum.
℟. Amen.

Le Salve Regina.
Le Dómine, falvum. } *Au Commun des Saluts.*

LA FÊTE
DU TRÈS S. SACREMENT.

GRAND-SOLEMNEL. (L. M.)

LEs Primes sont sonnées aux avant-quarts : & de
même tous les jours de l'Octave.

AU SALUT.

*Un Motet. ou Memóriam, suivi de la Profe du
jour.*

P R O S E.

LAUDA, Sion, Salvatórem,
Lauda ducem & Paftórem,
In hymnis & cánticis.

Quantum potes, tantum aude;
Quia major omni laude,
Nec laudáre fúfficis.

LAUDIS thema fpeciális,
Panis vivus & vitális
Hódie propónitur.

* O s

Quem in facræ mensa cœnæ,
Turbæ fratrum duodénæ,
Datum non ambígitur.

Sit laus plena, fit sonóra;
Sit jucunda, fit decóra,
Mentis jubilátio.

Dies enim solemnis ágitur.
In qua mensæ prima recólitur
Hujus institútio.

In hac mensa novi Regis,
Novum Pascha novæ legis,
Phase vetus términat.

Vetustátem nóvitas,
Umbram fugat véritas :
Noctem lux elíminat.

Quod in cœna Christus gessit,
Faciendum hoc expressit
In sui memóriam.

Docti sacris institútis,
Panem, vinum, in salútis
Consecrámus hóstiam.

Dogma datur Christiánis,
Quod in carnem transit panis,
Et vinum in sánguinem.

Quod non capis, quod non vides,
Animósa firmat fides,
Præter rerum órdinem.

Sub diversis speciébus,
Signis tantùm & non rebus,
Latent res exímiæ.

Caro

Caro cibus, sanguis potus :
Manet tamen Christus totus
Sub utraque spécie.

A sumente non concísus,
Non confractus, non divísus,
Integer accípitur.

Sumit unus, sumunt mille,
Quantum isti, tantum ille :
Nec sumptus consúmitur.

Sumunt boni, sumunt mali,
Sorte tamen inæquáli,
Vitæ vel intéritûs.

Mors est malis, vita bonis,
Vide paris sumptiónis
Quàm sit dispar éxitus.

Fracto demùm Sacramento,
Ne vacilles, sed memento
Tantum esse sub fragmento,
Quantum toto tégitur.

Nulla rei fit scissúra :
Signi tantum fit fractúra,
Quâ nec status nec statúra
Signáti minúitur.

Ecce Panis Angelórum,
Factus cibus viatórum,
Verè panis filiórum,
Non mittendus cánibus.

In figúris præsignátur,
Cum Isaac immolátur,
Agnus Paschæ deputátur,
Datur manna pátribus.

Bone Paſtor, Panis vere,
Jeſu, noſtri miſerére ;
Tu nos paſce, nos tuére ;
Tu nos bona fac vidére
In terra vivéntium.

Tu, qui cuncta ſcis & vales ;
Qui nos paſcis hìc mortáles,
Tuos ibi commenſáles,
Cohéredes & ſodáles
Fac ſanctórum cívium.
Amen.

℣. Edent páuperes, & ſaturabuntur :
℟. Vivent corda eórum in ſéculum ſéculi.

Orémus.

DEus, qui nobis ſub Sacramento mirábili paſ-
ſiónis tuæ memóriam reliquiſti : tribue, quæſumus, ita nos córporis & ſanguinis tui ſacra
myſtéria venerári, ut redemptiónis tuæ fructum
in nobis júgiter ſentiámus ; Qui vivis & regnas.

Pour Antienne de la ſainte Vierge, Inviolàta.

PROSE DE LA Ste. VIERGE.

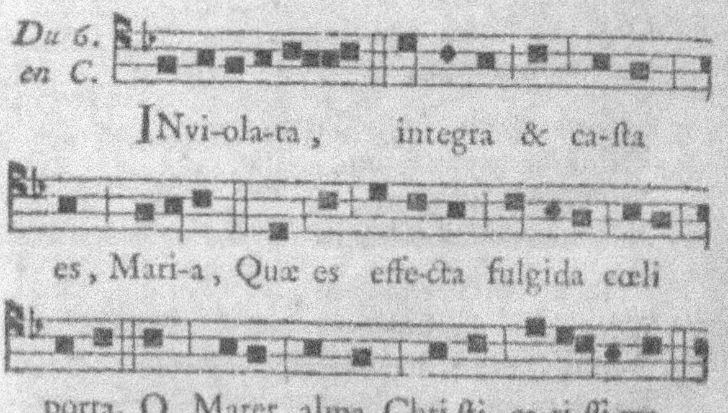

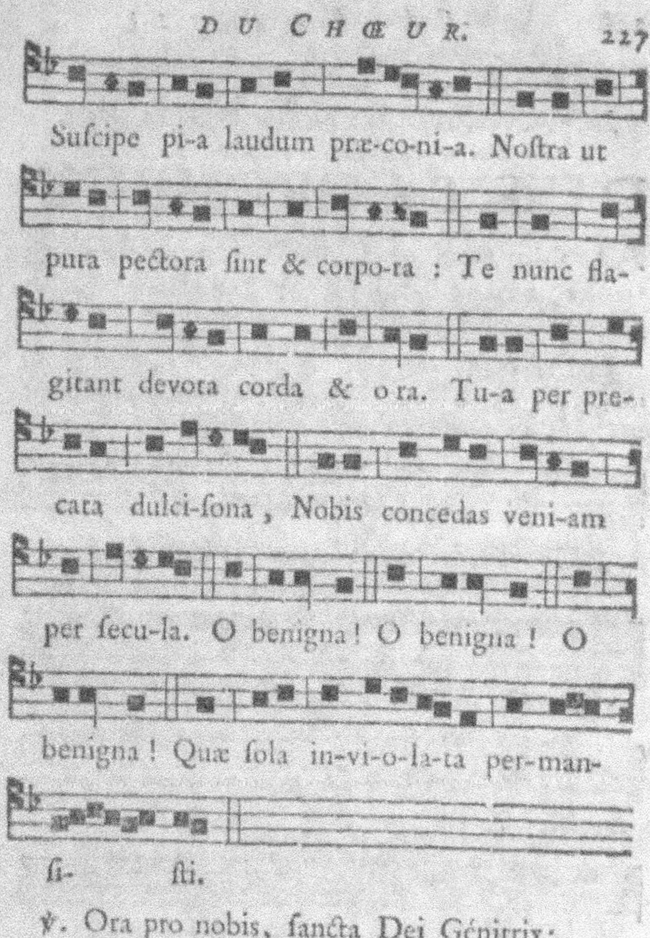

℣. Ora pro nobis, ſancta Dei Génitrix;
℟. Ut digni efficiámur promiſſiónibus Chriſti.

Orémus.

FAmulórum tuórum, quæſumus, Dómine, de-
liètis ignoſce; ut qui tibi placére de áctibus noſtris
non valémus, Genitrícis Filii tui Dómini noſtri
interceſſióne ſalvémur; Per eumdem Chriſtum.

Dómine, ſalvum, *au Commun des Saluts.*

LE VENDREDI DANS L'OCTAVE

DU S. SACREMENT.

Au Salut, qui est à cinq heures précises, on chante, comme il suit, les quatre dernieres Strophes de la Prose du jour.

[Si le Vendredi étoit le premier Vendredi du mois, on en suivroit la Rubrique, telle qu'elle est indiquée au Commun des Saluts.]

Le ℣. & l'Oraison comme ci-dessus, page 226.
Salve, Regina, & Dómine, salvum, *ci-après au
Commun des Saluts.*

LE SAMEDI.

Le Salut comme hier : [& *à cinq heures précises.*]

LE DIMANCHE
DANS L'OCTAVE.

Au Salut, [*qui est à la suite des Vêpres*] on chante :

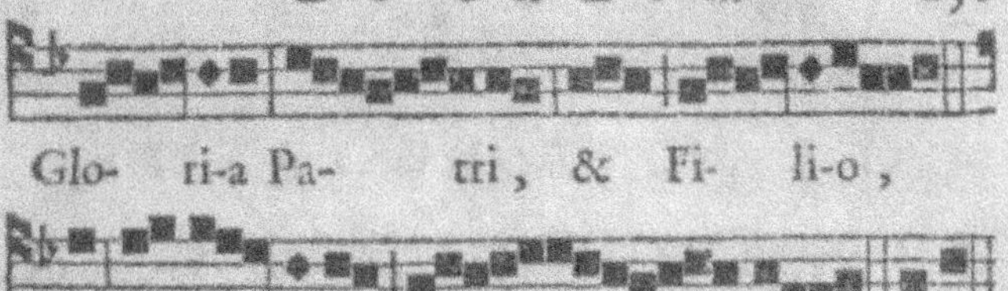

Le ℣. & l'Oraison comme ci-dessus, page 226.

Inviolata, ci-dessus page 226.

Domine, salvum fac Regem, *au Commun des Saluts.*

LE LUNDI, MARDI ET MERCREDI

Le Salut à cinq heures précises.

On y chante les mêmes choses qu'au Vendredi précédent, page 228.

LE JOUR DE L'OCTAVE.

Le Salut est immédiatement après Vêpres.

On y chante le Répons Memoriam, *suivi de la Prose ci-dessus.*

L'Inviolata, *page 226;* Domine, salvum, *au Commun des Saluts.*

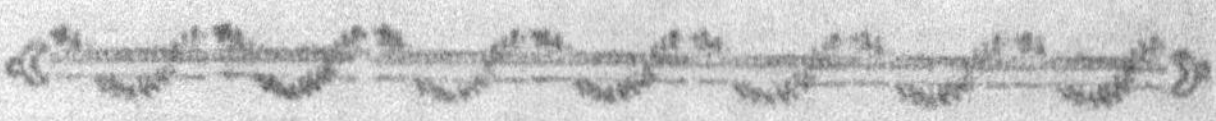

LE JOUR DE LA FÊTE

DU SACRÉ CŒUR DE JÉSUS.

ANNUEL. (L. M.)

CEtte Fête est l'unique dont nous chantions les premieres Vêpres un jour ouvrier. Elles sont précédées de quatre coups : [*ce qui s'observe également ment pour toutes les Fêtes annuelles de l'Eglise & de la Maison*]

Les Matines sont sonnées de même, & le *Te Deum* y est chanté.

L'Office de Prime est sonné aux avant-quarts, & tous les jours de l'Octave.

AU SALUT.

On chante un Motet au S. Sacrement, ou l'Antienne,

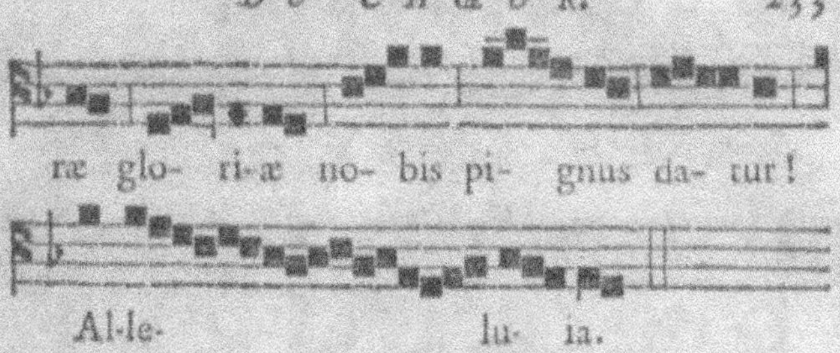

Le Verset & l'Oraison, ci-dessus page 226.

Pour seconde Antienne, un Motet du Sacré-Cœur de Jesus ; ou la Prose du jour :

PROSE.

Leger.

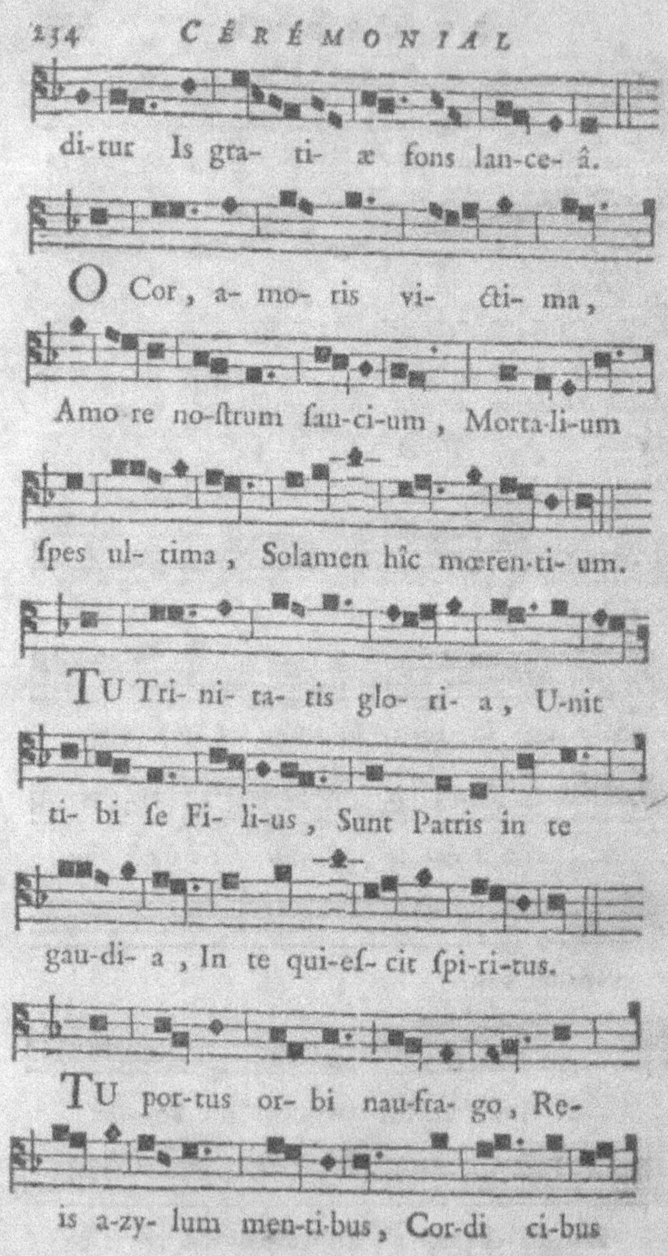

di-tur Is gra- ti- æ fons lan-ce- â.

O Cor, a- mo- ris vi- cti- ma,

Amo-re no-strum sau-ci-um , Morta-li-um

spes ul- tima , Solamen hîc mœren-ti- um.

TU Tri- ni- ta- tis glo- ri- a , U-nit

ti- bi se Fi- li-us, Sunt Patris in te

gau-di- a , In te qui-ef- cit spi-ri-tus.

TU por-tus or- bi nau-fra- go, Re-

is a-zy- lum men-ti-bus, Cor-di ci-bus

fame- li co , Certa qui-es fi- de-li-bus.
HIc tu- ta pa- rant mi- li- tes , Pul-
so pa-vo-re præ- li-a, Pax al-ma vir tu-
tis comes Hîc se-de re-gnat propri- a.
QUi-bus ni- tes- cunt Vir- gi- nes ,
Hîc casta fra-grant li- li- a ; Et unde
fulgent Mar ty- res , Blande ru- bes-cit
purpu-ra.
HOc quibus mun dus a- gi- tur Vices reguntur pe-cto-re , Hoc & quibus ab-

lu- i- tur, Ma-nant flu-- en- ta gra-
ti- æ.
Lent.
O Cor ! De- o par vi- cti-
ma, Al-ta-re fa- cra- ti- ſſimum,
In quo pe- ren-nis ho-ſti- a, Cul-pas pi-
at morta- li- um.
O Cor ! A-mo- re ſau- ci- um,
Amo-re cor- da ſau-ci- a, O
ju- gis a- mor cœ-li-tum, Amore nos

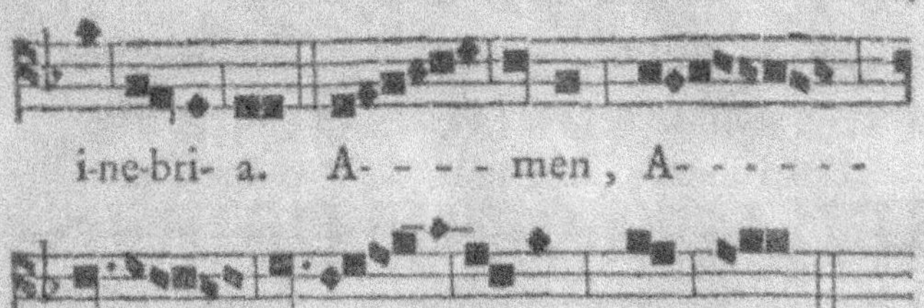

℣. Clamávi in toto corde meo, Dómine, clamávi ad te :

℟. Vivet ánima mea, & laudábit te.

Orémus.

DOmine, Jesu Christe, qui ineffabiles tui cordis divítias Ecclésiæ sponsæ tuæ singulári dilec-
tiónis beneficio, aperíre dignátus es; concéde
propítius, ut grátiis cœléstibus ex hoc dulcíssimo
fonte manántibus, corda nostra ditári ac recreári
mereantur; Qui vivis & regnas, &c.

*Pour Antienne de la sainte Vierge, un Motet, ou
le Répons* Felix es *ci-après à l'Assomption.*

Le ℣. Vultum tuum, *& l'Oraison* Omnípotens,
ci-après au Commun des Saluts.

Dómine, salvum, fac regem, *de même au
Commun.*

Ensuite l'Amende-honorable.

LE SAMEDI DE L'OCTAVE

DU SACRE CŒUR DE JESUS.

LEs Vêpres sont sonnées à l'heure ordinaire, c'est-à-dire, à trois heures un quart le premier coup qui est celui du Chapelet, & à la demie le dernier.

Il faut observer de tinter le Sermon dès le second Pseaume des Vêpres, par ce qu'elles sont psalmodiées, & qu'il faut que nos Dames & Demoiselles Pensionnaires, ainsi que nos Sœurs infirmes & Sœurs converses, aient le temps de se rendre au Chœur avant le Sermon. Il est expressément défendu d'y entrer dès que le Sermon est commencé ; si ce n'est & sans bruit, à l'instant de l'*Ave, Maria*, ou entre les deux points.

AU SALUT.

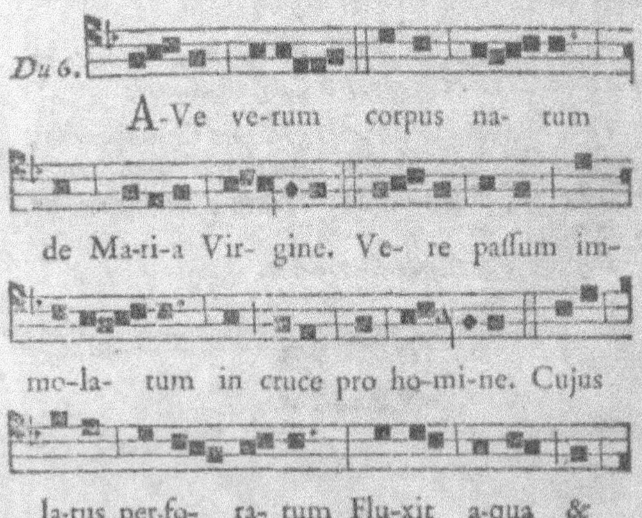

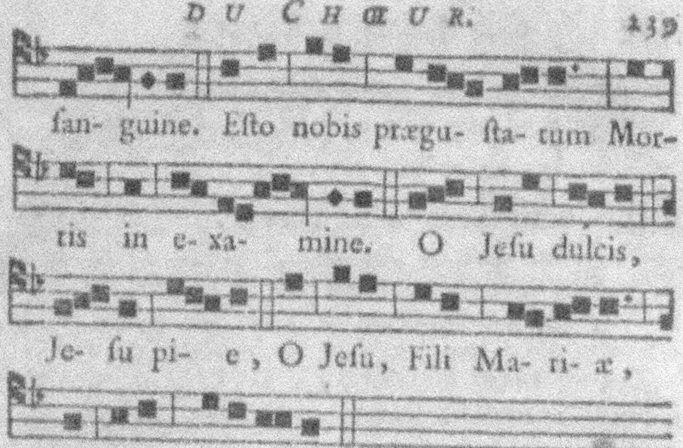

℣. Edent páuperes, & *l'Oraison* Deus, qui nobis, &c. *ci-dessus page* 226.

Pour Antienne au Sacré Cœur de Jesus , les deux dernieres Strophes de la Prose de cette Fête.

Le ℣. Clamávi & *l'Oraison* Dómine Jesu Christe, &c. *ci-dessus page* 237.

Pour Ant. à la sainte Vierge , l'Hymne Ave , maris Stella.

H Y M N E.

Du 5. en C.

Sumens illud Ave
Gabriélis ore ,
Funda nos in pace ,
Mutans Evæ nomen,

Solve vincla reis,
Profer lumen cæcis,
Mala nostra pelle,
Bona cuncta posce.

Monstra te esse matrem,
Sumat per te preces,
Qui pro nobis natus,
Tulit esse tuus.

Virgo singuláris,
Inter omnes mitis,
Nos culpis solútos,
Mites fac & castos.

Vitam præsta puram,
Iter para tutum,
Ut videntes Jesum,
Semper collætémur.

Sit laus Deo Patri,
Summo Christo decus,
Spirítui sancto,
Trinus honor unus. Amen.

Le ℣. *Vultum tuum*, &c. : *l'Oraison* Omnípotens ; *le* Dómine, salvum, &c. *l'un & l'autre
au Commun des Saluts.*

L'Amende-honorable.

LE DIMANCHE DANS L'OCTAVE
DU SACRÉ CŒUR.
GRAND SOLEMNEL.

L'Office est sonné à trois coups depuis les premieres Vêpres.

Il faut avoir l'attention de se conformer à la Rubrique indiquée dans notre Bréviaire pour les Matines de ce jour. Le *Te Deum* y est psalmodié.

(*On y porte les Manteaux tout le jour.*)

Grand'Messe à neuf heures.

Le SALUT, comme au jour de la Fête.

LE LUNDI.
LE MARDI.
LE MERCREDI.
ET LE JEUDI.
} Tout l'ordre des Exercices de l'après midi, & les Saluts, comme au Samedi.

*Q

LE JOUR DE L'OCTAVE
DU SACRÉ CŒUR DE JESUS.

DOUBLE-MAJEUR (non Chomé) (L. M.)

LEs Offices sont sonnés à deux coups, ainsi que la Grand'Messe.

Le premier coup des Vêpres est sonné aux trois quarts pour trois heures, & c'est pour le Chapelet.

Le second à trois heures, après les trente-trois coups de l'Agonie de N. S. les Vêpres sont chantées.

Le SALUT, comme le jour de la Fête.

Après l'Amende - honorable, on chante le Te Deum. *Le Verset & l'Oraison ci dessus page* 58.

S'il se rencontre quelques Fêtes le jour ou dans l'Octave du Sacré-Cœur, il faut être exact à lire la seconde colonne du Supplément aux Rubriques de notre Bréviaire, page 25.

LE VENDREDI
D'APRÈS L'OCTAVE
DU SACRÉ CŒUR.

Pour l'acquit d'une Fondation.

NOus récitons les Litanies du Sacré-Cœur de Jesus à la suite du Chapelet.

Fin du Propre du Temps.

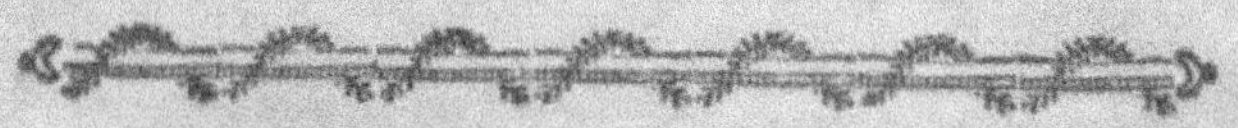

PROPRE
DES SAINTS.

VIII. Décembre.

LA FÊTE
DE L'IMMACULÉE CONCEPTION
DE LA TRÈS-Ste. VIERGE.

GRAND-SOLEMNEL. (L. M.)

L'Office, depuis les premieres Vêpres, est sonné à trois coups.

L'Office de Prime est sonné aux avant-quarts. La Grand-Messe est sonnée à trois coups.

Après l'Office de None, nous allons processionnellement à l'Oratoire de la très-sainte Vierge.

Avant de sortir du Chœur, deux Choristes entonnent le Répons suivant.

Q 2

Enfuite elles commencent les Litanies de la fainte
Vierge, & le Chœur les continue alternativement.

KYrie, eléifon.
Chrifte, eléifon.
Kyrie, eléifon.
Chrifte, audi nos.
Chrifte, exaudi nos.
Pater de cœlis Deus, miferére nobis.
Fili Redemptor mundi Deus, miferére nobis.
Spíritus fancte Deus, miferére nobis.
Sancta Trínitas unus Deus, miferére nobis.
Sancta María, ora pro nobis.

Sanĉta Dei Génitrix ,   ora.
Sanĉta Virgo Vírginum ,   ora.
Mater Chrifti ,   ora.
Mater divínæ grátiæ ,   ora.
Mater puríffima ,   ora.
Mater caftíffima ,   ora.
Mater invioláta ,   ora.
Mater intemeráta ,   ora.
Mater amábilis ,   ora.
Mater admirábilis ,   ora.
Mater Creatóris ,   ora.
Mater Salvatóris ,   ora.
Virgo prudentíffima ,   ora.
Virgo veneranda ,   ora.
Virgo prædicanda ,   ora.
Virgo potens ,   ora.
Virgo clemens ,   ora.
Virgo fidélis ,   ora.
Spéculum juftíriæ ,   ora.
Sedes fapiéntiæ ,   ora.
Caufa noftræ lætítiæ ,   ora.
Vas fpirituále ,   ora.
Vas honorábile ,   ora.
Vas infigne devotiónis ,   ora.
Rofa myftica ,   ora.
Turris Davídica ,   oro.
Turris ebúrnea ,   ora.
Domus áurea ,   ora.
Fœderis arca ,   ora.
Jánua cœli ,   ora.
Stella matutína ,   ora.
Salus infirmórum ,   ora.
Refúgium peccatórum ,   ora.
Confolátrix afflictórum ,   oaa.
Auxílium Chriftianórum ,   ora.

Regína Angelórum ,   ora.
Regína Patriarchárum ,   ora.
Regína Prophetárum ,   ora.
Regína Apoſtolórum ,   ora.
Regína Mártyrum ,   ora.
Regína Confeſſórum ,   ora.
Regína Vírginum ,   ora.
Regína Sanctórum ómnium ,   ora pro nobis.
Agnus Dei , qui tollis peccáta mundi , Parce no-
   bis, Dómine.
Agnus Dei , qui tollis peccáta mundi , Exaudi
   nos, Dómine.
Agnus Dei , qui tollis peccáta mundi , Miſerére
   nobis.

A LA STATION.

On interrompt les Litanies pour chanter *Inviolata* , ci-deſſus page 226. Enſuite on dit le Verſet ,

℣. De ventre matris meæ Deus meus es tu :
℟. Spes mea ab ubéribus.

La Mere-Supérieure dit : Orémus.

FAmulis tuis , quæſumus , Dómine , cœleſtis grátiæ munus impertíre ; ut quibus beátæ Vírginis partus éxtitit ſalútis exórdium , Conceptiónis ejus votíva ſolémnitas pacis tríbuat incrementum ; Per Dóminum noſtrum , &c.

On reprend enſuite les Litanies à l'Invocation où on en étoit reſté , & la Proceſſion retourne au Chœur par un autre côté autant qu'il eſt poſſible , ce qu'on doit obſerver aux différentes Proceſſions que l'on fait dans le cours de l'année.

En rentrant au Chœur , on chante l'Antienne de Sainte Aure , le Verſet & l'Oraiſon ci-deſſus page 165 , [*au Jeudi-ſaint pour le Lavement des Autels.*]

Il est d'usage de faire de suite la Lecture au Chœur, afin que toutes les Religieuses puissent être libres jusqu'au Chapelet.

Cette Lecture consiste dans un Chapitre de l'Imitation de Jesus-Christ, au choix de la Mere-Supérieure.

AU SALUT.

Pour Antienne au Saint Sacrement, Ave verum ; ci-dessus page 239.

Le ℣. Edent pauperes, &c. & l'Oraison Deus, qui nobis, ci-après au Commun des Saluts.

Pour Antienne à la sainte Vierge, la suivante.

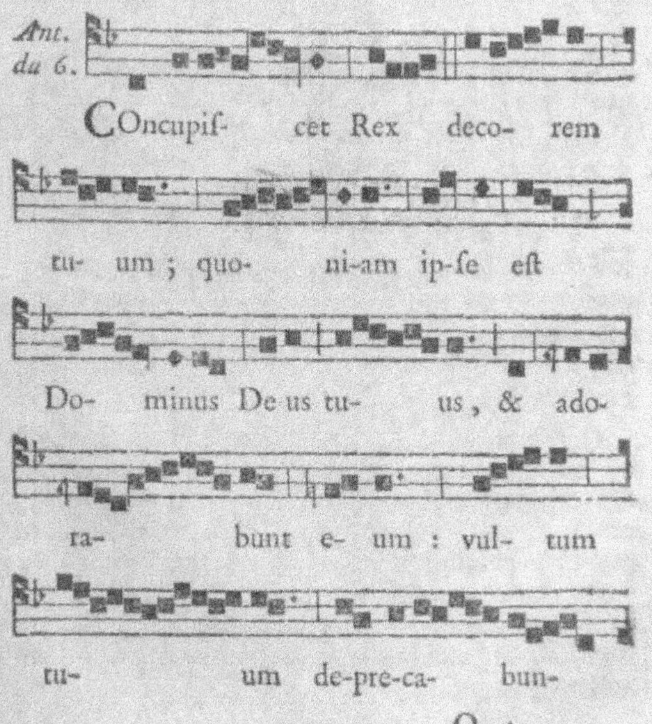

Le Verset De ventre, *& l'Oraison* Famulis tuis,
comme ci-dessus à la Station.

Dómine, salvum, *au Commun des Saluts.*

I. JANVIER.

LA CIRCONCISION
DE NOTRE-SEIGNEUR.
PETIT-SOLEMNEL. (L. M.)

LEs Offices précédés de deux coups ; l'Office de Prime sonné aux avant-quarts.

Il n'y a point de Grand'Messe, ni de sermon, à moins que ce ne soit le premier Vendredi du mois : alors, c'est la Messe de la Circoncision qu'il faut chanter, & de même les Vêpres.

AU SALUT.

Après l'Hymne ou Ant. du S. Sacrement, le Verset pris ci-après au Commun des Saluts, on dit l'Antienne de la Fête.

Ant. du 7.

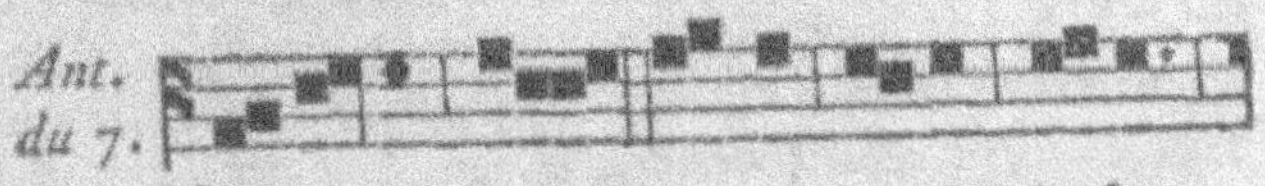

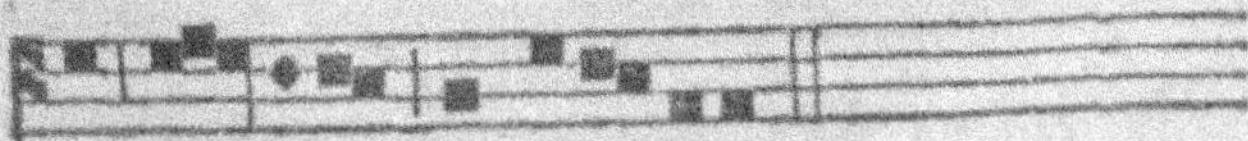

℣. Lætábimur in salutári tuo, Dómine ;
℞. Et in nómine Dei noftri magnificábimur.

Orémus.

DEus, qui salútem géneris humáni in Verbi
tui Incarnatióne fundásti : da pópulis tuis misericórdiam quam depóscunt ; ut sciant omnes na-
tiónes non esse sub cœlo áliud quàm Unigéniti
tui nomen, quod débeant invocáre ; Qui tecum
vivit & regnat Deus.

Puis l'Ant. à la sainte Vierge, Alma ⎫ *au Commun*
Redemptóris ; *& le* Dómine, salvum, ⎭ *des Saluts.*

III. JANVIER.

SAINTE GENEVIEVE

VIERGE, PATRONE DE PARIS.

NOus n'avons de Salut en cette Fête, que quand
elle tombe le premier Dimanche du mois ou le
Vendredi ; & dans ces circonstances même, nous
n'avons point d'obligation d'en faire mémoire au
Salut, l'ayant faite à Vêpres : mais lorsqu'à dévotion
on souhaite la faire, il faut alors que cette Antienne
soit chantée avant cellede la sainte Vierge.

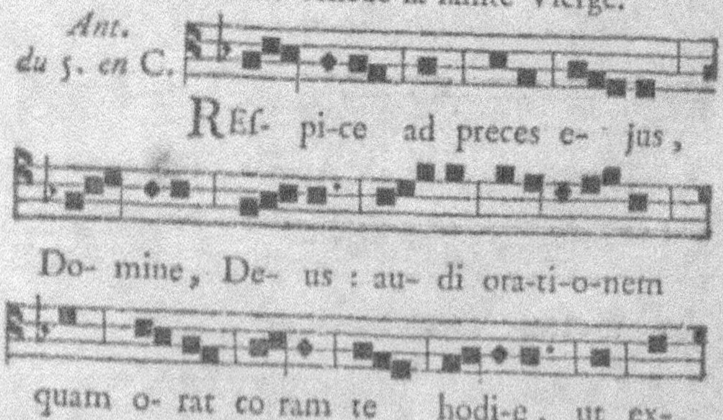

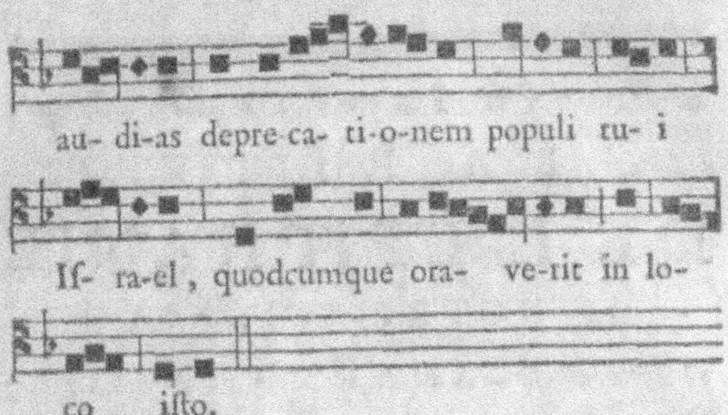

℣. In voluntáte tua deduxifti me, Dómine :
℟. Et cum glória fufcepifti me.

Orémus.

DEus, qui mifericórditer beátam Vírginem
Genovéfam ab infántia deduxifti, eamque mí-
raculórum glóriâ ad plebis tuæ præsídium deco-
ráre dignátus es : tríbue nos vias tuas conftanter
fequi ; & auxíliis temporálibus, ipsâ intercedente , non deftitútos æterna bona toto corde
concupifcere ; Per Chriftum , &c.

VI. JANVIER.

LA FÊTE
DE L'ÉPIPHANIE
DE NOTRE-SEIGNEUR

GRAND-SOLEMNEL. (L. M.)

DÈs les premieres Vêpres, on sonne l'Office à trois coups.

Aux Matines de ce jour, on ne dit point l'Invitatoire ni l'Hymne; mais après voir dit tout bas le *Pater*, *Ave*, *Credo*, la Mere-Supérieure commence absolument par l'imposition de la premiere Antienne.

Les Primes sont sonnées aux Avant-quarts.

AU SALUT.

Un Répons ou Hymne du S. Sacrement, s'il n'y a point de Motet.

Après le Verset & l'Oraison ci-dessus, p.226. on dira pour seconde Antienne celle du Mystere, qui sera un Motet ou la Communion de la Messe du jour, prise au Livre du Plein-chant orné, ou la Prose.

PROSE.

STella foris præ di-cat, Intus fides in-
dicat Redemptorem omni-um.
HUc afferte mune-ra Volun-ta- te li-bera,
Sed munera cordi-um.
HÆc erit gratissima Salva-to- ri victima,
Men-tis sa-crifi-ci-um.
OFfert aurum ca-ri-tas, Et mirrham auste-
ritas, Et thus desideri-um.
AUro Rex agnos-citur, Homo mirrha, co-
li-tur Thure De-us Genti-um.

JUDÆ-A gaudentibus Non invide gentibus
Retectum myste- ri-um.
POst custodes ovi-um, Se Ma-gi Fideli-um
Jungunt in con-sorti-um.
QUi Judæ-os ad-vocat, Christus gentes con-
vo-cat In unum tuguri-um.
BEthle-em fit ho-di-e To-ti-us Eccle-
si-æ Nascen-tis ex-ordi-um.
REgnet Christus cordibus, Et victis rebel-

℣. Adoráte Dóminum ;
℟. In aula sancta ejus.

Orémus.

OMnípotens & miséricors Deus, qui multitú-
dini géntium in mortis umbra sedenti, Filium
tuum reveláre dignátus es : illud fidei lumen infunde córdibus nostris, quod, ad agnoscendum
& adorandum Salvatórem suum majórem méntibus inspirasti ; Per eumdem Christum, &c.

[Si cette Fête est un Vendredi, la troisieme An-
tienne est celle au Sacré-Cœur de Jesus , au Commun
des Saluts.]

A la sainte Vierge , Alma Redemptóris , &c. Dómine , salvum fac Regem , &c. *l'un & l'autre ci-*
après au Commun des Saluts.

Ensuite le Célébrant entonne le Te Deum *, ci-*
dessus page 58.

Le Verset & l'Oraison , page 61.

[Si c'est un Vendredi , l'Amende-honorable pré-
cede le Te Deum. *]*

LE II. FEVRIER.

LA PRÉSENTATION

DE NOTRE-SEIGNEUR AU TEMPLE,

ET LA PURIFICATION

DE LA BIENHEUREUSE VIERGE MARIE.

GRAND-SOLEMNEL. (L. M.)

LEs Offices sonnés à trois coups, dès les premieres Vépres.

Les Primes sonnées aux avant-quarts.

La Bénédiction des Cierges se fera à l'Autel immédiatement avant la Grand'Messe, dont le troisieme & dernier coup est à l'avant-quart de neuf heures, pour que la Bénédiction commence à neuf heures précises. [*Si la Fête tomboit un Dimanche, la Bénédiction de l'eau, dans la Sacristie, la précéderoit, ainsi que l'Aspersion.*]

Pendant la Bénédiction des Cierges, les Sœurs sont tournées vers l'Autel ; & elles sont en face, pendant la distribution, qui se fait dans l'ordre suivant :

La Bénédiction étant finie, le Sacristain aussi-tôt passe les Cierges par le tour de la Sacristie : les Sœurs Sacristines les reçoivent, & viennent ensuite les distribuer des deux côtés du Chœur, en commençant l'une par la mere-Supérieure, & l'autre par la Mere Assistante, à qui elles les présentent allumés : & de suite aux Religieuses, aux Novices & Postulantes.

Une

Une des Maîtresses de Classe distribue en même temps aux Demoiselles Pensionnaires les Cierges qu'elle a été recevoir à la Sacristie.

Pendant cette distribution, les Sœurs Choristes & le Chœur chantent *Lumen* & le *Nunc dimittis.*

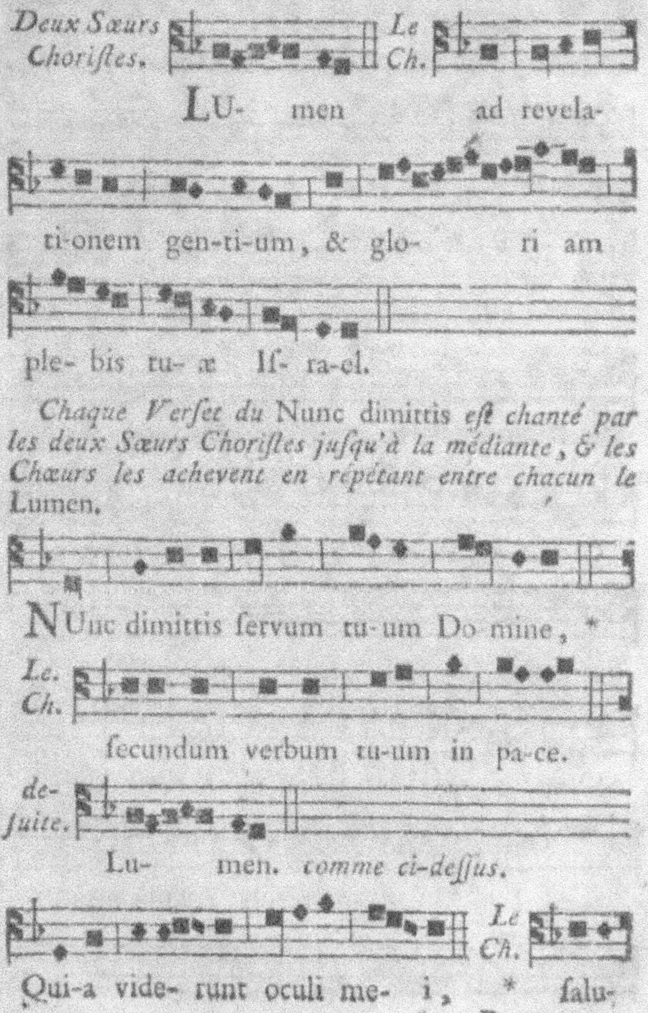

Chaque Verset du Nunc dimittis est chanté par les deux Sœurs Choristes jusqu'à la médiante, & les Chœurs les achevent en répétant entre chacun le Lumen.

ta- re tu- um. Lu — men. &c.
Le
Ch.
Quod pa-ra- sti , * ante fa-ci-em om-
ni-um po-pulo- rnm. Lu men.
Le
Ch.
Lumne ad revelati-onem genti-um , * &
glo-ri-am plebis tu- æ Is- ra-el. Lu.
Le
Ch.
Glo- ri-a Pa-tri , & Fi- li-o , * &
Spi-ri-tu-i san-cto. Lu men.
Si-cut e- rat in principio, & nunc &
Le
Ch.
semper , * & in secula secu-lo-rum ,
A-men. Lu- men.

Le Célébrant dit ensuite :

℣. Tu illúminas lucernam meam, Dómine :
℟. Deus meus, illúmina ténebras meas,

Orémus.

DEus, lumen verum, ætérnæ lucis reparátor &
auctor : infunde córdibus tuórum fidélium per-
pétui lúminis claritátem : ut quicumque in templo sancto glóriæ tuæ præséntibus adornantur lu-
cernis, ómnium vitiórum contágiis expiáti, in
templo cœlesti habitatiónis tuæ cum fructu bo-
nórum óperum tibi váleant præsentári ; Per
Christum Dóminum nostrum. ℟. Amen.

Ensuite se fait la Procession : on y porte les
Cierges, comme il est marqué ci-dessus à la Céré-
monie des Vêtures, p. 11.

Avant de sortir du Chœur, on chante en en-
tier le ℟. suivant :

Deux Choristes l'entonnent :

R 2

En ſortant du Chœur , la premiere Choriſte en-
tonne :

H Y M N E.

Du 5.
en C.

DE mo-re ma-trum, Virgo pu-erpera
Templo statu-tos ab-stinu-it di es : Intrare
sanctum quid pavebas, fa-cta De-i pri-ùs
ip- sa templum.
ARa sub una Se vovet hosti- a
Tri-plex ; honorem Virgineum immolat Vit-
go sacer-dos ; parva mollis Membra pu-er
seni-or-que vitam.
EHeu ! quot en- ses transadigent tu-um
Pectus ! quot al- tis nata do-loribus, O Vir.

R 3

go ! quem gestas cru-entam Imbuet hîc sacer
A- gnus a-ram.
CHRISTUS futu-ro , Corpus adhuc tener ,
præludit in-fons victima fune-ri : Crescet ;
pro-fu-so vir cru-o-re Omne sce-lus mori-
ens pi-abit.
SIT summa Pa- tri , summa- que Fi-li-o ,
sanctoque compar glo-ri-a Flamini ; Sanctæ
li-te-mus Trinita-ri Per petu o pi- a Corda cultu. A- men.

Les Demoiselles Penfionnaires affiftent à cette Proceffion, ainfi qu'à celles qui fe font dans le cours de l'année. Lorfque la Proceffion fort du Chœur, elles doivent être rangées fur deux lignes; & lorfque la Croix paroit, elles commencent à marcher & la précedent. On s'avancera lentement vers l'Oratoire de la fainte Vierge, les Demoifelles ne s'arrêteront point dans l'aile qui fait face à l'Oratoire; mais avanceront dans l'autre, & enfuite fe tourneront vers la Proceffion.

Lorfque la Porte-Croix & les Acolytes font arrivées près l'Autel, elles fe tournent en chœur; toutes les Sœurs s'arrêtent & en font de même. La Mere-Supérieure paffe entre les rangs, & va fe mettre à genoux fur les marches de l'Oratoire. Alors les Choriftes entonnent le Répons de la Station, que le Chœur continue:

Dès qu'il est fini, la Mere-Supérieure prononce l'Acte de Consécration au Sacré-Cœur de Marie, toutes les Religieuses étant aussi à genoux.

ACTE DE CONSÉCRATION
Au Sacré Cœur de MARIE.

SACRÉ Cœur de MARIE, vous êtes le centre où se réunissent tous les cœurs qui aspirent à aimer le Cœur adorable de JESUS. C'est vous qui les introduisez dans ce Sanctuaire d'Amour, où purifiés de tout amour terrestre, ils participent à l'amour unique que vous eûtes, & qui vous rendit la plus sainte des créatures. Notre crime & notre malheur sont d'avoir été jusqu'à présent séparés de votre Cœur. Notre mérite & notre bonheur seront d'y être désormais étroitement unis. Dans cet esprit, nous choisissons aujourd'hui votre Cœur pour être notre refuge dans tous nos besoins, notre consolation dans toutes nos peines, notre asyle dans toutes nos tentations, notre modèle dans toute notre conduite intérieure, & notre Médiateur auprès de Dieu par Jesus-Christ.

Daignez être la Mere du nôtre. Nous vous le consacrons irrévocablement. Ce sera désormais un bien qui ne nous appartiendra plus, mais à vous, afin que par vous nous puissions obtenir une place dans le Cœur adorable de Jésus, & dans le temps, & dans l'éternité bienheureuse. Ainsi soit-il.

La Consécration finie, la Mere-Supérieure se leve & va reprendre sa place; les Chœurs rangés en face la saluent par une inclination grave : puis se tournant du côté de l'Oratoire, les Choristes aussi-tôt entonnent l'Hymne *Fumant Sabæis*; la Procession part, & revient au Chœur par le côté gauche du Cloître.

H Y M N E.

stret i-gnes flam- me- a ca-ritas; Fundat-que di-

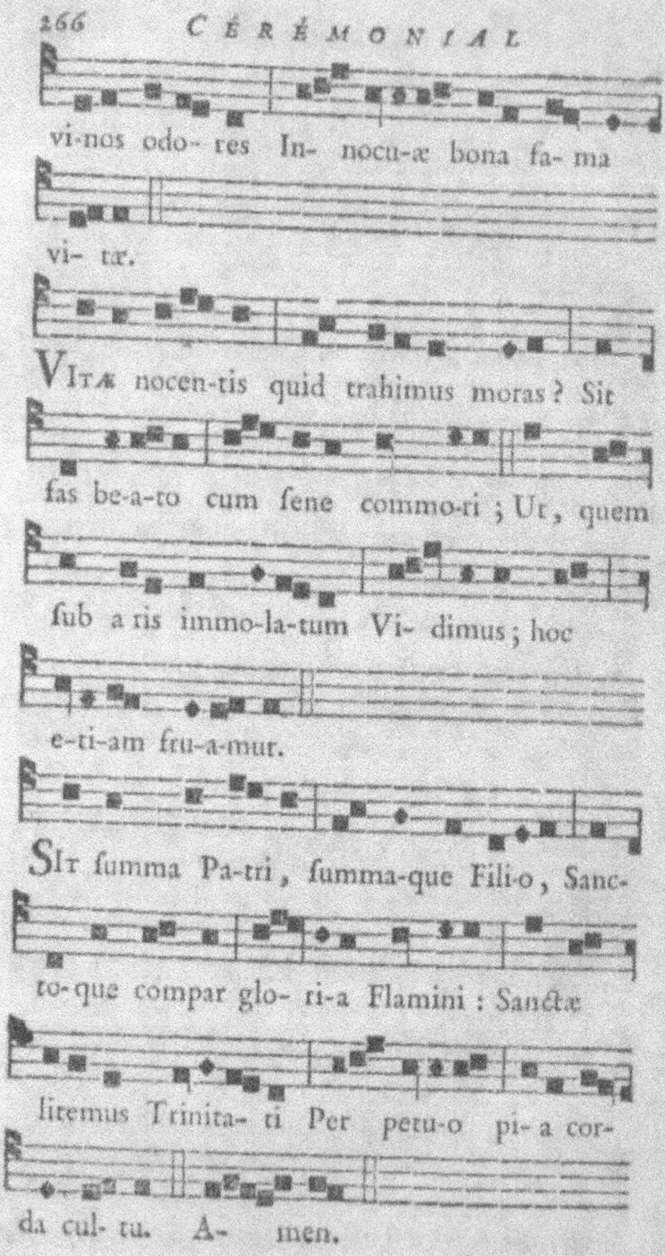

vi-nos odo- res In- nocu-æ bona fa- ma
vi- tæ.
VItæ nocen-tis quid trahimus moras? Sit
fas be-a-to cum sene commo-ri ; Ut, quem
sub a ris immo-la-tum Vi- dimus ; hoc
e-ti-am fru-a-mur.
SIt summa Pa-tri, summa-que Fili-o, Sanc-
to-que compar glo- ri-a Flamini : Sanctæ
liremus Trinita- ti Per petu-o pi-a corda cul- tu. A- men.

A LA PORTE DU CHŒUR.

fum Chriſtum.

℣. Tóllite hóſtias, & introíte in átria ejus :
℞. Adoráte Dóminum in átrio ſanĉto ejus.

Orémus.

PRæſta, quæſumus, omnípotens Deus, ut Uni-
génitus tuus, qui pro nobis per Spíritum ſanc-
tum ſemetipſum óbtulit immaculátum tibi, emun-
det conſciéntiam noſtram ab opéribus mórtuis, &
nos cum ſeipſo acceptábile tibi fáciat holocauſtum ;
Qui tecum vivit & regnat.

[On éteint les Cierges après la Procession, & ils font rallumés un peu avant l'Evangile, après lequel on les éteint encore ; puis ils font allumés avant l'Elévation, & on les tient ainsi jufqu'à la feconde Elévation qui fe fait immédiatement avant le *Pater*.]

AU SALUT.

Pour feconde Antienne, celle du Myftere prife au Grand Graduel du Plein-Chant, orné : La Com-munion Accépit Simeon.

℣. Exulta & lauda, habitátio Sion ;

℟. Quia magnus in médio tuî fanctus Ifrael.

Orémus.

PErfice in nobis, quæfumus, Dómine, grátiam tuam, qui jufti Simeónis expectatiónem implefti ; ut ficut ille mortem non vidit priuf-quàm Chriftum Dóminum vidére mererétur, ita nos in amplexu Dómini morientes, vitam ob-tineámus æternam, Per eumdem Chriftum.

[*Si ce jour eft le premier Vendredi du mois, la troifieme Antienne eft celle du Sacré-Cœur de Jefus,* O Cor amandum, *ci-après au Commun des Saluts.*]

A la très-fainte Vierge, Inviolata, *& le* Dómine, falvum, *idem.*

L'Amende-honorable, fi c'eft un *Vendredi.* Cette Fête n'a point d'Octave.

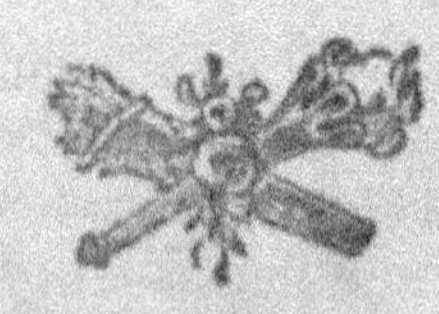

VIII. FÉVRIER.

LA FÊTE.

DU SACRÉ CŒUR

DE MARIE.

GRAND-SOLEMNEL. (L. M.)

AU SALUT.

S'il n'est point en musique, on chante au Saint Sacrement, *Ave verum*, ci-dessus page 238.

[Si c'est un Vendredi, la seconde Antienne est du Sacré-Cœur de Jesus, *ci-après au Commun des Saints.*]

Pour la Ste. Vierge, l'Offertoire ou la Communion du grand Graduel, Plein-chant orné ; ou la Prose suivante.

PROSE.

TERRA lætis sonet
Ubíque vócibus ,
Cœlum nos ádmonet
Efferre láudibus :
Cor sacrum Vírginis.

 Cor grande spéculum
Omnipoténtiæ ,
Cor tabernáculum
Cœlestis grátiæ ,
Cor templum núminis.

O QUI tanti canat
Cordis altum decus !
Vix spíritus queat
Illud Angélicus,
Ut decet, pángere.

Gemmæ nitídius
Candóre níveo,
Solis splendídius
Ardóre róseo
Debet effulgere.

HUJUS castíssima
Cordis intégritas,
Hujus sanctíssima
Cordis humílitas
Cœlo verbum rapit.

Cordis Vírginei
Attráctum glória,
Servi formam rei
In tuo, María,
Sinu Verbum capit.

PROH! quàm miris calet
Virgo fervóribus,
Divíni cùm latet
Amóris ígnibus
Immersum cor tuum.

Fontem lætítiæ
María póssidet :
Telo mœstítiæ
Lædi num áccidet
Pectus innócuum ?

ACCIDIT, proh scelus !
Et dum cor Filio

Ensis haurit malus ,
Dolóris gládio
Cor ejus rúmpitur.

Quis luctus íntimi
Sensum possit dare ?
Cordis tenérrimi
Dolor est ut mare
Quod ventis túnditur.

AH ! surge prótinùs
E portis ínferi ;
Te , Christe , cóminùs
Victórem tártari
Lœta cernat Parens.

Expecta mélius
Factum Dei - Para ;
En sede filius
Surgit ab ínferâ ,
Omni damno carens.

O QUALE gáudium
Cor Vírginis fovet !
Quantum incéndium
Amóris cómmovet
Christi Victória !

Matris intùs falit
Pectus impátiens :
Sequi Natum velit ,
Qui cœlum géstiens
Intrat cum glória.

ILLUM spectans face
Colliquescit facrâ ,
Donec blandâ nece
Functum volet suprà
Quidquid non est Deus.

Cor spes fidélium ,
Cor beans sídera ;
Fac ut mortálium
Incendat péctora
Fervor æthéreus.   Amen.

℣. Veníte, filii , audíte me ;
℟. Timórem Dómini docébo vos.

Orémus.

CLementíssime Deus , qui ad peccatórum salútem, & miserórum perfúgium , cor immaculátum
beátæ Maríæ Vírginis divíno cordi Filii tui Jesu
Christi caritáte & misericórdia simíllimum esse
voluísti ; concéde , ut qui hujus dulcíssimi &
amantíssimi cordis memóriam ágimus , ejúsdem
beátæ Vírginis méritis & intercessióne , secúndùm
cor Jesu inveníri mereámur ; Per eumdem Dóminum nostrum Jesum Christum.

Dómine , salvum, *au Commun des Saluts.*
L'Amende honorable au Sacré-Cœur de Jesus.

XV. FÉVRIER.

OCTAVE
DU SACRÉ CŒUR DE MARIE.

CE jour, après l'Office de None, nous allons processionnellement à l'Oratoire de la très-sainte Vierge, [*sans Manteaux.*]

On chante avant de partir l'Antienne *Concupiscet Rex*, ci-dessus page 247.

En sortant du Chœur, on chante les Litanies du très saint Cœur de Marie, page 70.

A LA STATION.

Un petit Motet ou *Gaudens gaudebo*, p. 49. puis le ℣. *Venite*, & l'Oraison *Clementissime*, ci-dessus p. 272.

Ensuite la Mere-Supérieure vient se mettre à genoux aux pieds de l'Oratoire ; la Maîtresse des cérémonies lui présente le tableau de l'Amende honorable au Sacré-Cœur de Marie ; elle le prononce à voix haute : ensuite elle revient prendre sa place, & les Sœurs Choristes continuent les Litanies en retournant au Chœur.

Arrivées à la porte, elles disent les *Agnus Dei*; puis étant entrées, elles levent l'Antienne de Sainte Aure, *In resurrectione*, p. 165.

Ensuite on fait une lecture au Chœur, après laquelle chacune se retire.

* S

xxv. Mars.
LA FÊTE.
DE L'ANNONCIATION.
GRAND-SOLEMNEL. (L. M.)

Après None, la Procession à l'Oratoire de la Sainte Vierge.

Avant de sortir du Chœur, on chante l'Antienne suivante :

En fortant du Chœur, les Sœurs Choriftes entonent les Litanies de la très-fainte Vierge, ci-deffus page 244.

A LA STATION.

℣. In humilitáte nostra memor fuit nostri Dóminus ,

℞. Et redémit nos ab inimícis nostris.

Orémus.

OMnípotens sempiterne Deus , qui coæternum tibi Fílium hódie pro mundi salúte , secundùm carnem Spíritu sancto concipiendum , Angélico ministério beátæ Maríæ semper Vírgini declarasti : præsta ut cujus Incarnatiónis mystérium cognóvimus , ejus redemptiónis fructum percípere mereámur ; Per eumdem Christum.

En rentrant au Chœur, l'Antienne de Sainte Aure *In resurrectione ,* p. 265.

AU SALUT.

Un Répons, ou Hymne du S. Sacrement, *au Commun des Saluts.*

Pour seconde Antienne, celle du Mystere; on prendra la Communion de la Messe au Graduel du Plein-chant orné. Si c'est dans le temps Paschal, on poura en place chanter la Prose.

PROSE.

HUMANI géneris
Cessent suspíria;
Beáta míseris
Affert hìc núntia
Dies mortálibus.

Uníus scélere
Cuncti cecídimus
Lapsos erígere
Venit Altíssimus
de cœli sédibus.

DELECTÆ Virgini
Quæ Deum páriat,
Angelus Dómini
Salútis núntiat
Nostræ mystérium.

O beatíssima
Præ mulíeribus
Virgo castíssima,
Deum viscéribus
Súscipe Fílium.

VIRTUTE Spíritûs,
In sinu Vírginis,
Innocens pénitùs
A labe críminis
Caro compíngitur.

Per hanc infántibus
Lactéscit téneris,
Ille qui méntibus
Panis à súperis
In cœlis éditur.

QUOD sine témpore
De Patre náscitur,
Mortáli córpore
Verbum indúitur,
Ut salvet hóminem.

Corpus hoc ófferet
In sacrifícium,
Servos ut líberet;
Totum in prétium;
Effundet sánguinem.

ERRABAM dévius
Exul à pátria,
Sémitæ néscius,
Ad vera gáudia
Per quam regrédiat.

In mea Dóminus
Venit exília,
Viæque términus
Ipse fit, & via:
Tutus hâc grádiat.

O VERITAS latens
Sub velo córporis,
Sed óculis patens
Mundáti péctoris,
Tu nos illúmina.

Et tu pro míseris
Súpplica Númini,
Quæ te dum ásseris
Ancillam Dómini ,
Fis mundi Dómina. Amen.

Le ℣. In humilitáte , & l'Oraison ci-dessus page 275.

A la très-sainte Vierge , l'Ant. selon le temps ; Dómine, salvum. Au Commun des Saluts.

XX. AVRIL.

LA FÊTE.

DE SAINT JOSEPH.

GRAND-SOLEMNEL. (L. M.)

AU SALUT.

S'il n'est point en musique, le Répons *Memoriam*, ci-dessus page 222.

Pour seconde Antienne, la Prose de saint Joseph.

PROSE.

HUc Jesu discípuli,
Huc Maríæ fámuli,
Exultantes cúrrite.

Dux fuit famíliæ :
Sócium nunc glóriæ,
Joseph justum cérnite.

Quæ Deo jam plácuit ;
Sponsam Joseph vóluit :
At non est dissídium.

Nuptam servat Númini
Custos datus Vírgini :
Jus utríque próprium.

MAJOR hìc obtémperat :
Deo Mater ímperat,
Matri Joseph Vírgini.

Quantus hìc putábitur ?
Cui María súbditur,
Sui tutor Dómini.

SANCTITATIS cónscius,
Castitátis sócius,
Puris ardet ígnibus.

Stat Patris diléctio
Servi cum obséquio,
Flexis quod det génibus.

JESU, da te sócium;
Nostrum hìc exílium
Ne nimis displíceat.

Te sine suspíria;
Te coràm sint gáudia,
Donec frui líceat.   Amen.

℣. Exquisívit te fácies mea, Dómine:
℟. Fáciem tuam, Dómine, requíram.

Orémus.

CUstódi nos, Dómine, protectióne perpétuâ, qui beátum Joseph Unigénito tuo nutrítium, & Vírgini Matri custódem providísti; Per eumdem Dóminum.

[Si cette Fête est un Vendredi, la troisieme An-
tienne est cella du Sacré-Cœur, ci-après au Commun
des Saluts.

Ensuite le Regina cœli, *&* Dómine, *salvum.*

L'Amende honorable au Sacré-Cœur de Jesus,
quelque jour que ce soit.

XXVII. AVRIL.

L'OCTAVE

DE SAINT JOSEPH.

CE jour, après None, la Procession à son Oratoire, lors même que la Fête de saint Joseph a été remise.

Avant de sortir du Chœur, on chante l'Antienne suivante :

Antienne
du 2. en D.

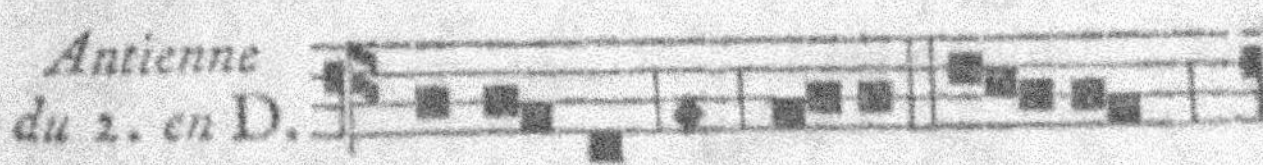

En sortant, on commence les Litanies de Saint Joseph.

KYrie, eléïson. Christe, eléïson.
Kyrie , eléïson.
Christe , audi nos. Christe , exaudi nos.
Pater de cœlis Deus , miserére nobis.
Fili Redemptor mundi Deus , miserére nobis.
Spiritus sancte Deus , miserére nobis.
Sancta Trinitas unus Deus , miserére nobis.
Sancta María ,   Ora pro nobis.
Sancta Dei Génitrix ,   ora.
Sancta Virgo Vírginum ,   ora.

Sancte Joseph ,
Proles Davídica ,   ora.
Decus Patriarchárum ,   ora.
Arcáni divíni Conservátor ,   ora.
Altíssimi Consiliárie ,   ora.
Redemptiónis nostræ Coadjútor ,   ora.
Christi nascentis tutéla ,   ora.
Christi fugientis Defensor ,   ora.
Salvatóris nostri præsídium ,   ora.
Maríæ laborantis auxílium ,   ora.
Maríæ patientis Consolátor ,   ora.
Caste Conjux ,   ora.
Fidélis Pater ,   ora.
Custos innocéntiæ ,   ora.
Comes ínteger Maríæ ,   ora.
Exemplar humilitátis ,   ora.
Honos castitátis ,   ora.
Vírginum Protéctor ,   ora.
Afflictórum Consolátor ,   ora.
Justórum Exemplar ,   ora.
Peccatórum Auxiliátor ,   ora.
Mortálium fidúcia ,   ora.
Moriéntium spes dulcíssima ,   ora.
Agnus Dei, qui tollis peccata mundi, Parce no-
    bis, Dómine.

Agnus Dei, &c.   Exaudi nos, Dómine.
Agnus Dei, &c.   Miserére nobis.

A LA STATION

Al-le-lu-ia.

℣. Parátus sum, & non sum turbátus,
℟. Ut custódiam mandáta tua, Dómine.

Orémus.

TRíbue nobis, quæsumus, Dómine, intercedente sanctíssimæ Genítricis Fílii tui sponso, ut
ejus exemplo voci tuæ humíliter obsequentes, cum
sapiéntia conquiéscere mereámur ; Per eumdem
Christum.

*En rentrant, l'Antienne de Sainte Aure, le Verset
& l'Oraison, page 165.*

XXV. AVRIL.

SAINT MARC
ÉVANGÉLISTE.

A LA PROCESSION.

*[Si cette Fête tombe un Dimanche, ou dans la
Semaine de Pâques, il faut consulter le Bref pour
savoir à quel jour elle est remise.]*

LA procession du jour de S. Marc fut instituée par
le Pape S. Grégoire pour les mêmes intentions que
l'Archevêque de Vienne institua celles des Rogations

ci-deſſus page, 199. Il faut y avoir recours pour
obſerver tout ce qui y eſt preſcrit pour le temps &
pour le chant juſqu'au *Venite* incluſivement, qui eſt
chanté en ſortant du Chœur. Enſuite on revient ici
prendre le reſte de la Proceſſion.

La deuxieme Choriſte leve l'Ant. *Convertere ,*
comme il ſuit :

*Ant.
du 8. en G.*

Conver-te-re.

*Et la premiere
Ch. entonne le Pſ.*

Pſ. 6.

DOmine ne in furore tu-o argu-as

me; * neque in ira tu-a corripi-as me.

Miſerére meî, Dómine , quóniam infirmus
ſum : * ſana me, Dómine, quóniam conturbáta
ſunt oſſa mea :

Et ánima mea turbáta eſt valdè : * ſed tu, Dómine , úſquequo ?

Convéttere, Dómine, & éripe ánimam meam :*
ſalvum me fac propter miſericórdiam tuam.

Quóniam non eſt in morte qui memor ſit
tuî : * in inferno autem quis confitébitur tibi ?

Laborávi in gémitu méo; lavábo per ſingulas
noctes lectum meum ; * lácrymis meis ſtratum
meum rigábo.

Turbátus eſt à furóre óculus meus : * invete-
rávi inter omnes inimícos meos.

Diſcédite à me omnes, qui operámini iniquitátem : * quóniam exaudívit Dóminus vocem fle-
tûs mei.

Exaudívit Dóminus deprecatiónem meam :
* Dóminus oratiónem meam suscépit.

Erubéscant & conturbéntur veheménter omnes
inimíci mei : * convertántur & erubéscant valdè
velóciter.

Glória Patri.

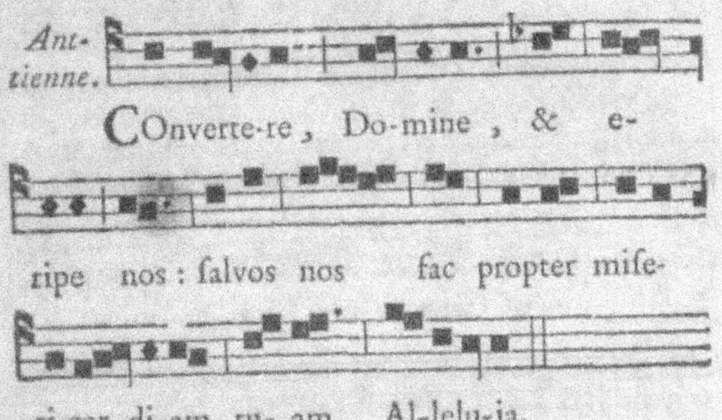

LA STATION

A l'Oratoire de la Sainte Vierge.

On y chante *Regina cœli*, au Commun des Saluts;
En rentrant au Chœur, l'Ant. de Sainte Aure,
p. 165.

III. MAI.

L'INVENTION
DE LA SAINTE CROIX.

CE jour, après l'Office de Tierce, le Célébrant fera l'exposition de la vraie Croix avec encens, & donnera la bénédiction ; pendant ce temps, on chantera dans le Chœur les deux Strophes suivantes :

Auge piis justitiam,
Reisque dona véniam.

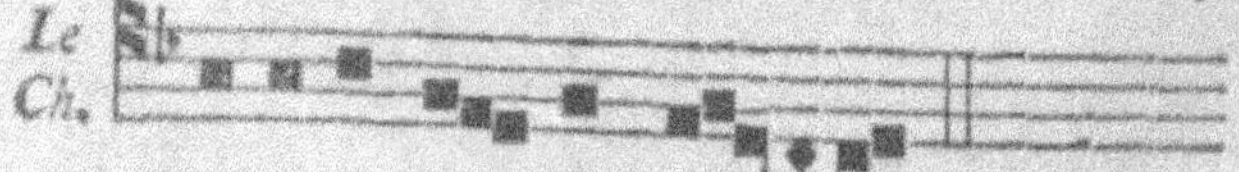

Quos per Crucis mystérium
Salvas, rege per sécula. Amen.

La vraie Croix sera exposée tout le jour sur le grand Autel, s'il n'y a point d'exposition du saint Sacrement ; car lorsque ce jour tombera le Dimanche ou le premier Vendredi du mois, on exposera la vraie Croix (*sans bénédiction*) sur une Crédence à la droite de l'Autel, & l'exposition s'en fera avant celle du saint Sacrement.

Le soir à quatre heures, si c'est un Dimanche; & à cinq, si c'est un jour ouvrier, on fait la cérémonie de l'Adoration de la Croix, en cette maniere.

Le Célébrant se rendra au Communicatoire des Religieuses avec la Croix; il la présentera à chacune pour l'adorer & la baiser : en y venant, elles garderont le même ordre qu'à la Communion.

Le Célébrant la fera aussi adorer aux Demoiselles & Dames Pensionnaires, ensuite au Peuple.

Au moment de l'Adoration, deux Choristes entonent l'Antienne *Tuam Crucem*, & *Dignus es* avec sa reprise, p. 177, puis l'Hymne suivante :

HYMNE.

LÉTHA-LE si vulnus fe-rat In-fer- nus an-
guis mor- sibus ; Læ-si simul te vi- de-
rint , Repen-tè tu me- de-be-ris.
ARA sub il-la, par De-o , Se con-se-cra-
vit hosti-a : Hâc se- de læ- sum Fi- li-
us Pla-ca- vit O- ra- tor patrem.
CRux sancta, Crux amabilis, Crux tin-cta Chris-
sti san-guine, Hau-ri- re da nos lar- gi-
us Vi-tam, De-i de fu-ne-re.

DA ,

On cesse de chanter lorsque le Célébrant fait faire l'Adoration aux personnes du dehors ; & lorsqu'ayant fini, il revient au pied de l'Autel, les Sœurs Choristes levent le Verset :

℣. Notam fecisti in pópulis virtútem tuam, Dómine :

℟. Redemisti in bráchio tuo pópulum tuum.

Orémus.

DEus, qui per Unigéniti tui passiónem & crucis patíbulum, genus humánum redemisti : da nobis Chriſtum habitáre per fidem in córdibus noſtris; ut cum ómnibus Sanctis, quæ ſit ejus crucis longitúdo, latitúdo, ſublimitas & profundum, mente devótâ comprehéndere poſsímus; Per eumdem Chriſtum.

Si c'eſt un Dimanche, comme ce ſeroit le premier Dimanche du mois, le Salut de la Croix ſera terminé ſans bénédiction & ſuivi du Salut du très-faint Sacrement, auquel on ne ſera point Mémoire de la ſainte Croix.

Et ſi c'eſt un Vendredi, on ſera le Salut du très-faint Sacrement avant celui de la ſainte Croix : on n'y ſera point Mémoire de la ſainte Croix; on ne le terminera point par le *Laudate Dominum, omnes gentes*; & dès que le très-faint Sacrement ſera remis dans le Tabernacle, on commencera le *Tuam crucem*, &c. pour l'Adoration qui ſera terminée ſans bénédiction.

V. MAI.
LA CONVERSION
DE SAINT AUGUSTIN.

A LA PROCESSION.

CE jour, après l'Office de None, nous allons processionnellement à l'Oratoire de saint Augustin. Avant de sortir du Chœur, nous chantons l'Ant. *Maximus*, ci-dessus p. 212.

En sortant du Chœur, on chante les Litanies de Notre B. Pere Saint Augustin.

KYrie, eléison. Christe, eléison.
Kyrie, eléison.
Christe, audi nos. Christe, exaudi nos.
Pater de cœlis Deus, miserére nobis.
Fili Redemptor mundi Deus, miserére nobis.
Spiritus sancte Deus, miserére nobis.
Sancta Trinitas unus Deus, miserére nobis.
Jesu cujus grácia Augustinum liberávit, miserére
 nobis.
Sancta María advocáta peccatórum, Ora pro nobis.

Sancte Augustine,	ora.
Miráculum grátiæ,	ora.
Prodígium sciéntiæ,	ora.
Fili piárum lacrymárum,	ora.
Pœnitens semper gemens,	ora.
Doctor sublimis & húmilis,	ora.
Doctor divínæ grátiæ,	ora.
Doctor divini amóris,	ora.
Amátor increátæ pulcritúdinis,	ora.

Amátor ardens & lucens ,   ora.
Amátor docens & accendens ,   ora.
Pater innumerabílium Sanctórum ,   ora.
Pater fanctíficans nos régulis ,   ora.
Gemma Confessórum ,   ora.
Lux Doctórum ,   ora.
Summum decus Pontíficum ,   ora.
Infignis præco Verbi Dei ,   ora.
Impugnátor hæfæon ,   ora.
Arcus refulgens inter nébulas ,   ora.
Sol lucens in Templo Dei ,   ora.
Vitæ noftræ Inftitútor ,   ora.
Exemplar virtútum ómnium ,   ora.
Ad te , Pater , confúgimus ,   Ora pro nobis.
Agnus Dei qui tollis peccáta mundi , parce no-
    nobis , Dómine.
Agnus Dei , &c.   Exaudi nos , Dómine.
Agnus Dei , &c.   Miferére nobis.

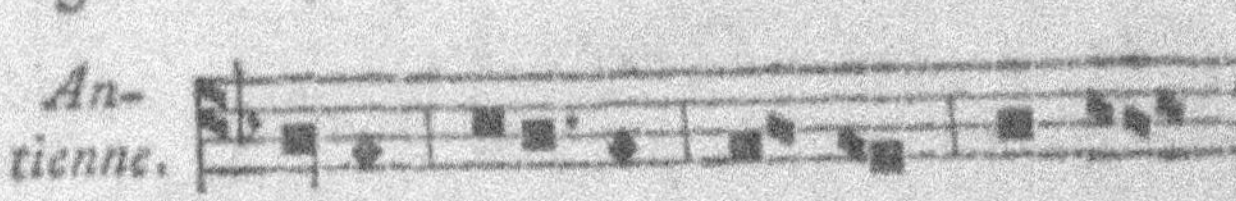

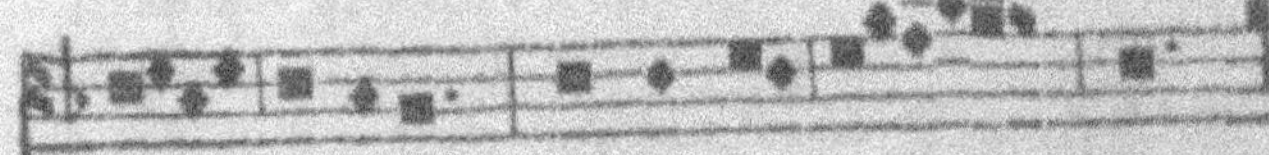

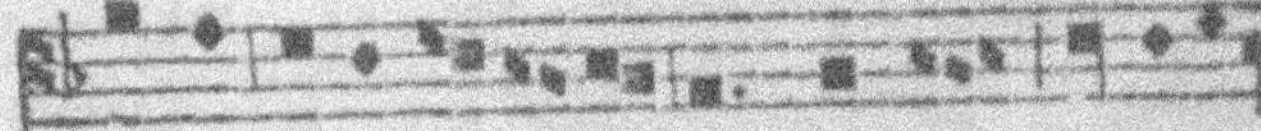

℣. Sicut ténebræ ejus,

℟. Ita & lumen ejus,

Orémus.

DEus qui forínsecùs intonante voce legis, intus
ádmones imploráre grátiam salvatóris, doce nos
fúgere ab irâ ventúra, ut cum beáto Augustíno
quem voce mirábili ad te convertísti, thronum
grátiæ adeámus, & ipso intercedente misericórdiam consequámur. Per Dóminum.

En retournant au Chœur, on continue les Lita-
nies : en y rentrant, on chante l'Antienne de Sainte
Aure. page 165.

XXIV. JUIN.

LA FÊTE
DE SAINT JEAN BAPTISTE.

PETIT-SOLEMNEL. (P. M.)

SI cette Fête tombe le Dimanche dans l'Octave du Sacré-Cœur de Jésus, on en chante la Messe propre ; & de même si c'étoit le jour de l'Octave : hors de ces cas, nous ne chantons point cette Messe.

AU SALUT.

La seconde Antienne sera de saint Jean-Baptiste, comme il suit :

℣. Os meum annuntiábit justítiam tuam,
℟. Totâ die salutáre tuum.

Orémus.

PRæsta, quæsumus, omnípotens Deus, ut família tua per viam salútis incédat ; & beáti Joannis Præcursóris hortamenta sectando, ad eum quem prædixit, secúra pervéniat Dóminum nostrum Jesum Christum Fílium tuum ; Qui tecum vivit & regnat Deus.

Le reste, au Commun des Saluts.

XXIX. JUIN.

LA FÊTE
DE S. PIERRE ET S. PAUL
APÔTRES.

PETIT-SOLEMNEL. (P. M.)

[Voyez la remarque ci-dessus à la Fête de saint Jean-Baptiste ; elle est la même pour celle-ci.]

AU SALUT.

La seconde Antienne est la suivante :

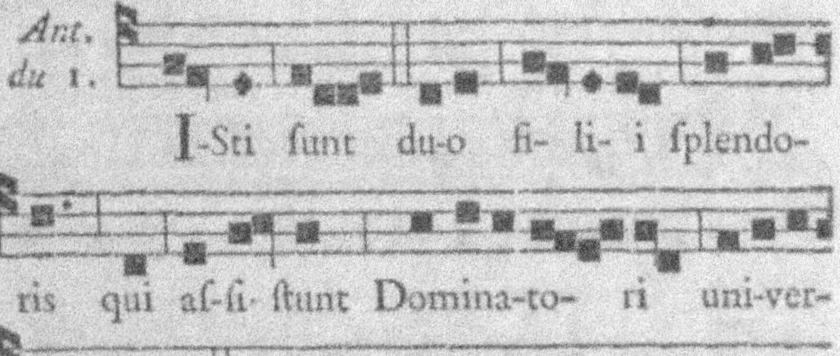

℣. Constitues eos príncipes super omnem terram:
℞. Mémores erunt nóminis tui , Dómine.

Orémus.

DEus , cujus déxtera beátum Petrum ambu-
lantem in flúctibus, ne mergerétur , erexit ; &
coapóstolum ejus Paulum tértiò naufragantem de
profundo pélagi liberávit : exáudi nos propitius ,
& concéde , ut ambórum méritis , æternitátis glóriam consequámur ; Qui vivis & regnas Deus.

Le reste au Commun des Saluts.

T 4

II. JUILLET.

LA VISITATION
DE LA TRÈS-Ste. VIERGE.

SI cette Fête tombe le premier Vendredi du mois, nous en chantons la Messe & l'Office, comme il est marqué à notre Bréviaire.

A LA PROCESSION.

Avant de sortir du Chœur, on chante l'Antienne suivante :

En ſortant , les Litanies de la ſainte Vierge,
page 244.

A LA STATION.

℣. Vox exultatiónis & ſalútis
℟. In tabernáculis juſtórum.

Orémus.

VIsíta nos in ſalutári tuo, Dómine , & per in-
terceſſiónem beatiſſimæ Vírginis Maríæ , cœleſtis
grátiæ lúmine corda noſtra perfunde ; Per Chriſ.

En rentrant au Chœur l'Ant. de ſainte Aure. p. 165.

AOUST.

LE premier Dimanche de ce mois [*ou le second, si la Fête de la Transfiguration y tombe*] on fait la Fête de la Susception de la Sainte Croix. Nous avons son exposition tout le jour. *Voyez ci-dessus au trois de Mai, page 186.*

A L'ADORATION.

Après les Ant. *Tuam crucem & dignus es,* on dit l'Hymne suivante :

HYMNE.

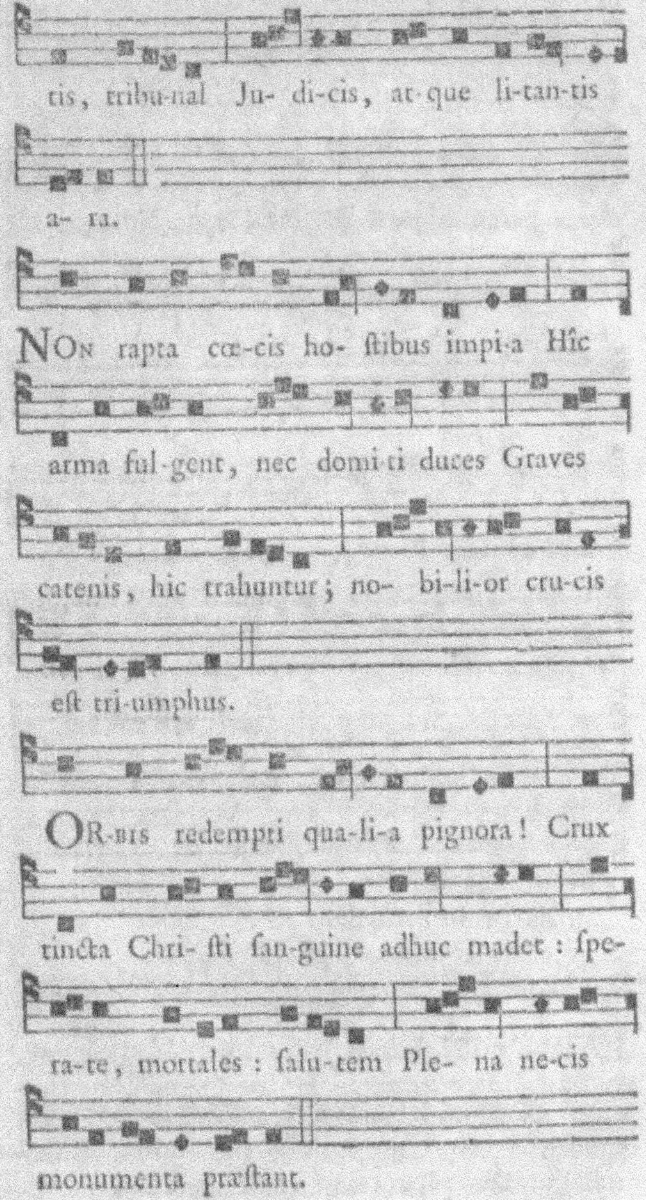
tis, tribu-nal Ju- di-cis, at-que li-tan-tis
a- ra.
NOn rapta cœ-cis ho- stibus impi-a Hîc
arma ful-gent, nec domi-ti duces Graves
catenis, hic trahuntur; no- bi-li-or cru-cis
est tri-umphus.
ORbis redempti qua-li-a pignora! Crux
tincta Chri- sti san-guine adhuc madet : spe-
ra-te, mortales : salu-tem Ple- na ne-cis
monumenta præstant.

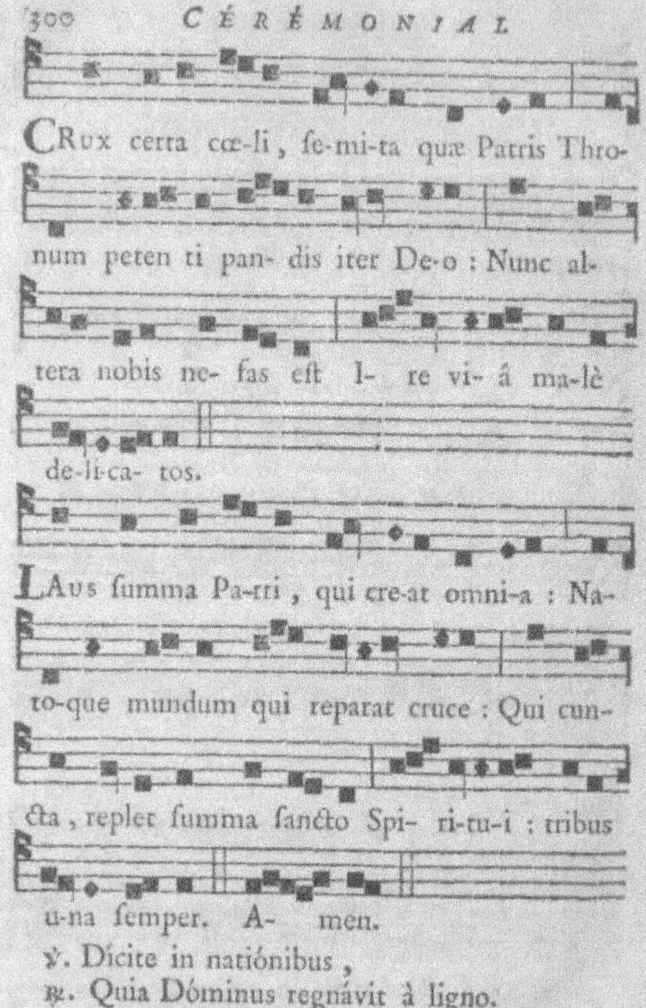

℣. Dícite in natiónibus ,
℟. Quia Dóminus regnávit à ligno.

Orémus.

DEus, qui Unigéniti Fílii tui pretióso sánguine,
vivíficæ Crucis vexillum sanctificáre voluísti : concéde, quæsumus, eos qui ejusdem sanctæ Crucis
gaudent honóre, tuâ quoque in ómnibus protectióne gaudére ; Per eumdem Dóminum.

XI. AOUST.

LA SUSCEPTION DE LA SAINTE ÉPINE:

Elle est exposée tout le jour, voyez la rubrique ci-dessus, indiquée pour l'Invention de la Sainte Croix page 286.

Au moment de l'Exposition, on chante l'Antienne suivante :

A l'Adoration du Soir, on chante le ℞. suivant :

la- ri ; * I-ste formo- fus in fto- la
fu- a , gra- di-ens in multi-tu-
dine forti-tu- dinis fu- æ. ℣. Benedictus qui ve-nit in nomine Domi-ni , Rex If-ra-el : * I-fte. Glo-
ri-a Pa-tri, & Fi- li-o ;
& Spiri- tu-i fan-cto. * I-fte.

HYMNE.

du 3.
CHRISTE cru-en-tæ fplen-dida principum
Non certet umquam pur-pura purpuræ ; Jun-

co paluſtri ſceptra cedant, Tex-ti-libus di-a-
de-ma ſpi-nis.
HIs fretus ar-mis vi-ctor ahene-os Poſtes re-
vul-ſit clauſtraque tartari , Cœtuſque capti-
vos pri- o-rum In patri- as revo-ca-vit
ar-ces.
QUin & preme-bat quos ſera ſervitus , Tri-
ſti gemen-tes e- ripu-it jugo : Et nocte
damnatos profunda , Ad ſuperas dedit i-
re ſe-des.

℣. Glóriâ & honóre coronáfti eum, Dómine :
℞. Et conftituífti eum fuper ópera mánuum
tuárum.　　　　Orémus.

UNigénitum tuum Regem noftrum fpinis coro-
nátum adorantes , da nos, quæfumus, Dómine ,
in ejufdem fpíritu dolóres & contumélias toleráre :
ut quos ipfius paffiónum fócios effe voluifti, beatitúdinis & glóriæ tribuas effe partícipes ; qui tecum vivit & regnat.

LE

XV. Aoust.

L'ASSOMPTION
DE LA TRÈS - SAINTE VIERGE
ANNUEL.

(L. M.) *Même à la Procession.*

LE jour de la Fête, après None, on fera la Procession solemnelle établie dans tout le Royaume par le Roi Louis XIII., qui mit en ce jour la France sous la protection de la Reine du Ciel. Pour entrer dans les vues de l'Eglise, nous unirons nos intentions à celle de ce pieux Monarque.

On chantera à cette Procession ce qui suit :

Avant de sortir du Chœur, on chante le Répons suivant :

En sortant, on commence les Litanies de la
Sainte Vierge, page 244.

A LA STATION.

On chante un Motet à l'honneur de la Sainte Vierge, ou l'Ant. *Concupíscet Rex*, ci-deſſus p. 247, avec le Verſet & l'Oraiſon qui ſuivent :

℣. Magna eſt glória ejus
℟. In ſalutári tuo, Dómine.

Orémus.

DEus, qui per beátæ Maríæ Vírginis partum, genus humánum redímere dignátus es ; ejus nos interceſſióne bénedic & prótege : ut, qui ad ejus celebrandam Aſſumptiónem convénimus, ſpirituálium gaudiórum, & æternórum præmiórum múnera reportémus ; Per Chriſtum.

Puis on reprend les Litanies.

En rentrant au Chœur :

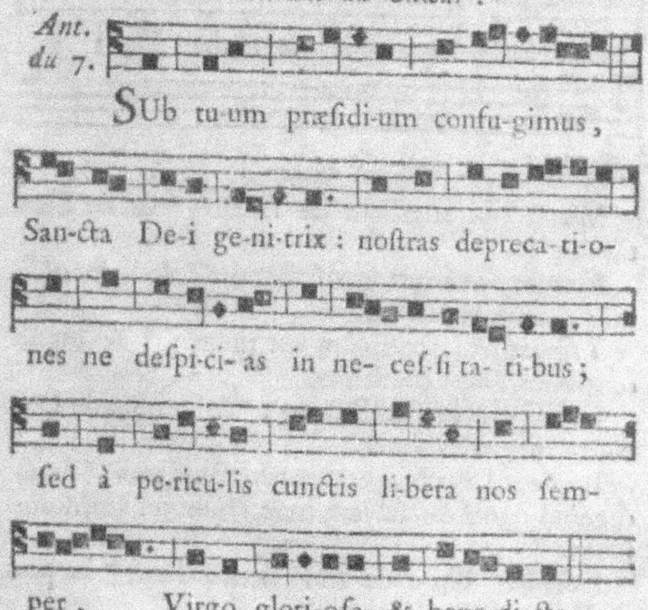

℣. Ora pro nobis, sancta Dei Génitrix :

℟. Ut digni efficiámur promissiónibus Christi.

Orémus.

PRótege, Dómine, fámulas tuas subsídiis pacis ; & beátæ Mariæ semper Vírginis patrocíniis confidentes, à cunctis hóstibus & perículis redde secúras ; Per Christum.

Ensuite la premiere Chorisle entone le Pseaume 19.

PSEAUME.

du 6.
en C.

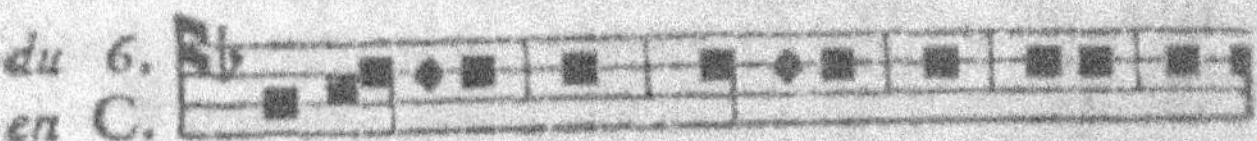

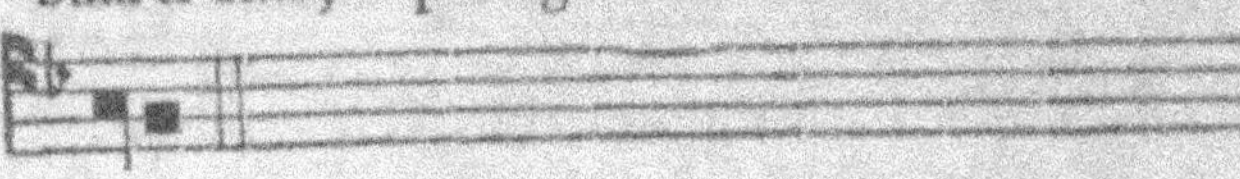

Jacob.

Mittat tibi auxílium de sancto : * & de Sion tueátur te.

Memor sit omnis sacrifícii tui : * & holocaustum tuum pingue fiat.

Tríbuat tibi secundùm cor tuum : * & omne consílium tuum confirmet.

Lætábimur in salutári tuo : * & in nómine Dei nostri magnificábimur.

Impleat Dóminus omnes petitiónes tuas : * nunc cognóvi quóniam salvum fecit Dóminus Christum suum.

Exáudiet illum de cœlo sancto suo : * in potentátibus salus déxteræ ejus.

Hi in cúrribus, & hi in equis : * nos autem in nómine Dómini Dei noſtri invocábimus.

Ipſi obligáti ſunt, & cecidérunt : * Nos autem ſurréximus, & erecti ſumus.

Dómine, ſalvum fac Regem : * & exaudi nos in die quâ invocavérimus te.

Glória Patri.

℣. Deus, judícium tuum Regi da ;
℟. Et juſtitiam tuam filio Regis.

Orémus.

DEus, regum ac regnórum moderátor & cuſtos, qui Unigénitum Filium tuum Dóminum noſtrum ſanctiſſimæ Vírgini Matri in terris ſúbditum eſſe voluiſti, ut in eo nobis exemplum humilitátis & obediéntiæ præſignáres : fámuli tui Ludovíci Regis Chriſtianiſſimi vota ſecundo favóre proſéquere ; ut, qui ejuſdem ſe Vírginis tutélæ devótâ ſponſióne cónſecrant, perpétuæ in hac vita tranquillitátis, & æternæ libertátis in cœlo præmia conſequantur ; Per eumdem Chriſtum.

AU SALUT.

S'il n'eſt point en muſique, on chante pour Antienne du ſaint Sacrement, *Ave verum*, p. 238.

A la très-ſainte Vierge, la Proſe ſuivante :

P R O S E.

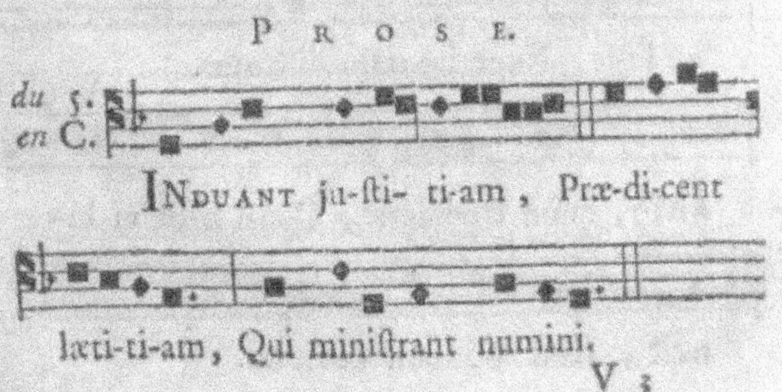

V 3

IT in suam re-quiem ; Infert cœlo fa-ci-em
Aca viva Domini.
CHRISTUM, cùm huc ve-nerat, Quo ma-ter
fusceperat, Non est venter pu-ri-or.
IN quo dum hinc re-vocat, Matrem Chri-
tus collocat, Thronus non est celsi-or.
QUÆ te Chri-ste, genuit, Quæ lacten-tem
a- lu-it, Nunc be-atam di-cimus.
IMo, quòd crediderit, Quòd si-bi vi-lu-
e-rit, Hinc be-atam novimus.

Le Verfet *Magna es* & l'Oraifon *Deus qui*, ci-
deffus, p. 307.

Dómine, falvum, *au Commun des Saluts.*

L'Amende honorable au Sacré-Cœur de Jefus, fi
c'eft un *Vendredi.*

XXV. AOUST.

SAINT LOUIS ROI DE FRANCE.

CE jour, après Vêpres, nous chantons le Pseaume *Exaudiat*, ci-dessus p. 308. Le Verset *Fiat manus*, & l'Oraison *Quæsumus*, (*Au Commun des Saluts.*)

Lorsqu'il y a Salut, on y remet le Pseaume *Exaudiat*, qui alors est chanté en place du *Domine, salvum*.

Et dans ce cas, la seconde Antienne du Salut est celle de la Fête, comme il suit, lors même que c'est un Vendredi.

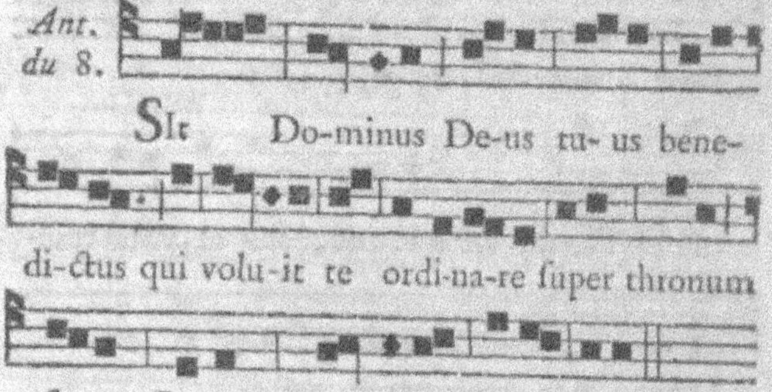

℣. Prævenisti eum, Dómine, in benedictiónibus dulcédinis :

℟. Posuisti in cápite ejus corónam de lápide pretióso.

Orémus.

DEus, qui sancto Regi Ludovíco tantum infudisti caritátis ardórem, ut mallet cupiditátibus pravis, quàm quibúslibet géntibus imperáre : fac nos ejus exemplo, & de peccáto semper victóres, & justítiæ legis tuæ sincéro amóre subjectos; Per.

Le reste au Commun des Saluts.

XXVIII. AOUST.

SAINT AUGUSTIN,

PERE DE NOTRE REGLE.

GRAND-SOLEMNEL. (L. M.)

NOus avons le très-saint Sacrement exposé tout le jour, depuis la Messe de sept heures.

AU SALUT.

Pour l'ordinaire il est en musique; ou bien on chante au saint Sacrement *Homo quidam*, ci-dessus, p. 230. ensuite la Prose de Saint Augustin.

PROSE.

O QUAM dulci nos servátor,
Et Supréme Dominátor,
Subjicis império ?

Mentes trahis rebellantes;
Et illustras caligantes,
Quàm potenti rádio !

ARTE vanâ tumescébat
Augustínus, & ardébat,
Heu ! malis amóribus.

Dura vincla tu rupisti;
Cedrum aitam tu fregisti,
Verbis salutáribus.

NATUS Christo, matris fletu;
Votis mille, jugi planctu;
Quàm vir magnus pródiit !

Veritátem dum mirátur ;
Inde bibens satiátur :
Sitim potus ácuit.

Turbis procul, latitábat ;
Terris Deus at parábat
Ruptâ Sidus nébulâ.

Fit Sacerdos, turba poscit ;
Solus gemens extimescit.
Quid, cum cinget infula?

Parca, Mensa ! toga simplex ;
Pretiósa nec supellex :
Ingens, Deus, prædium.

Vos beáti ! quos regébat ;
Factis, verbo, quos pascébat,
Oráculum géntium.

Ether stupens triumphávit ;
Orcus fremens at expávit,
Hâc tonante búccinâ.

Quot thesauros effudérunt !
Quot torrentes profudérunt,
Aúrea volúmina !

Hic, doctrínæ purum flumen ;
Cujus ore sedet numen,
Prócerum fax, patrum lumen,
Veri præco válidus.

At, quis credat ? Dum laudátur ;
Censor palàm se scrutátur,
Et ínculans infectátur,
Sui judex rígidus.

Tu quem Doctor nunciávit,
Per quem morbis imperávit ,

Cui pro grege se litávit,
Ad quem pauper evolávit,
Nos, ô Christe, réspice.

Firma fidem, quam vulgábat,
Sparge lucem, quâ micábat,
Ignem mitte, quo flagrábat,
Quam expertus propugnábat,
Grátiâ nos pérfice. Amen.

℣. *Beatus vir*, Oraison *Omnipotens*, ci-dessus p. 213.

A la sainte Vierge, *Inviolata* ; ℣. *Vultum tuum* ; l'Oraison *Omnipotens sempiterne* ; & *Domine, salvum*.

II. SEPTEMBRE.

LA FÊTE
DE SAINTE-MARTHE.
AU SALUT.

S'il n'est point en musique, on chante l'Hymne du Saint Sacrement, *Adoro te supplex*. La seconde Antienne est la suivante.

℣. Mihi adhærére Deo bonum est,
℟. Pónere in Dómino Deo spem meam.

Orémus.

Béatæ Marthæ, quæsumus, Dómine, suffrágiis exorátus, da nobis fidem, quæ & poténtiam virtútis tuæ confiteátur, & nihil hæsitans implóret misericórdiam tuam ; Qui vivis & regnas Deus.

A la sainte Vierge, le Répons *Felix es*, ci-dessus p. 305. Le Verset & l'Oraison du *Salve. Domine, salvum*.

VIII. SEPTEMBRE.

LA NATIVITÉ
DE LA TRÈS-SAINTE VIERGE.

GRAND-SOLEMNEL. (L. M.)

APrès None, on fait une Procession à l'Oratoire de la sainte Vierge. Avant de sortir du Chœur, on chante seulement l'Ant. *Beatam me dicent*, ci-après au Commun : puis on commence les Litanies de la sainte Vierge. A l'Oratoire, on chante l'Ant. *Hæc dicit Dominus*, ci-dessus p. 243.

℣. De ventre matris meæ Deus meus es tu :
℞. Spes mea ab ubéribus.

Orémus.

UNnigéniti tui, Dómine, nobis succurrat humánitas : ut, qui natus de Vírgine, matris integritátem non mínuit, sed sacrávit; in nativitátis ejus solémniis, nostris nos piáculis éxuens, obséquium servitútis nostræ tibi fáciat accéptum, Jesus Christus Fílius tuus Dóminus noster ; Qui tecum vivit & regnat Deus.

En rentrant au Chœur, l'Ant. de sainte Aure, ci-dessus, p. 165.

AU SALUT.

Le Répons *Memoriam*, ci-dessus p. 222. A la sainte Vierge, *Ave, maris Stella*, p. 239. Le ℣. *De ventre*, & l'Oraison *Unigeniti* ci-dessus. *Domine, salvum*.

L'EXALTATION
DE LA SAINTE CROIX.

Voyez ci-deſſus au trois de Mai, pour vous conformer à ce qui y eſt indiqué pour l'Expoſition, l'Adoration ; & ce qu'il faut faire lorſque cette Fête tombera un Vendredi.

A L'ADORATION.

Après le *Tuam Crucem*, p. 177, on chante l'Hymne *Crux alma, ſalve*, ci-deſſus p. 298.

Après l'Adoration.

℣. In te confidit ánima mea Deus ;
℟. Et in umbra alárum tuárum ſperábo.

Orémus.

DEus, qui nos hodiernâ die Exaltatiónis ſanctæ Crucis ánnuâ ſolemnitáte lætíficas : præſta, quæſumus, ut cujus myſtérium in terra cognóvimus, ejus Redemptiónis præmia in cœlo mereámur ; Per eumdem.

---

11 OCTOBRE.
LA FÊTE
DES SS. ANGES GARDIENS.

APrès l'Office de None, nous allons en proceſſion à leur Oratoire en chantant leurs Litanies.

Avant de ſortir du Chœur.

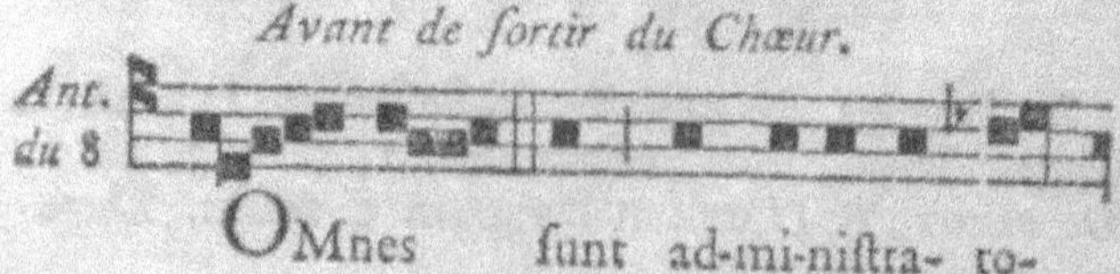

OMnes ſunt ad-mi-niſtra- to-

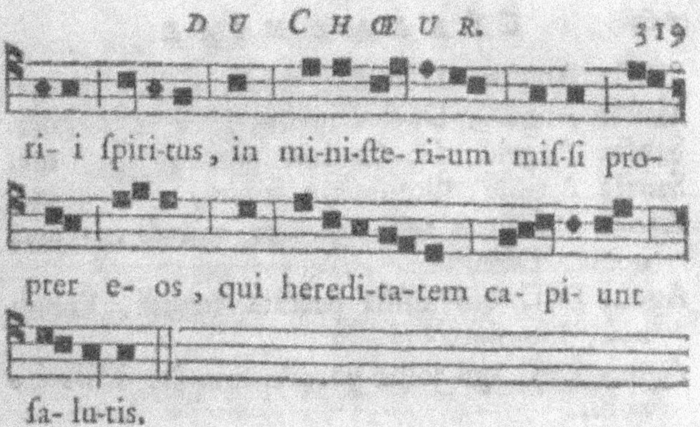

KYrie, eléison. Christe, eléison.
Kyrie, eléison.
Christe, audi nos. Christe, exaudi nos.
Pater de cœlis Deus, miserére nobis.
Fili Redemptor mundi Deus, miserére nobis.
Spíritus sancte Deus, miserére nobis.
Sancta Trínitas unus Deus, miserére nobis.
Sancta María, Regína Angelórum, Ora pro nobis.
Sancte Angele, Custos meus,   ora.
Sancte Angele, Admónitor meus,   ora.
Sancte Angele, Consultor meus,   ora.
Sancte Angele, Tutor meus,   ora.
Sancte Angele, Procurátor meus,   ora.
Sancte Angele, Amátor meus,   ora.
Sancte Angele, Consolátor meus,   ora.
Sancte Angele, Præceptor meus,   ora.
Sancte Angele, Pastor meus,   ora.
Sancte Angele, Testis meus,   ora.
Sancte Angele, Adjútor meus,   ora.
Sancte Angele, Vigil meus,   ora.
Sancte Angele, Negociátor meus,   ora.
Sancte Angele, Intercessor meus,   ora.
Sancte Angele, Susceptor meus,   ora.
Sancte Angele, Gubernátor meus,   ora.
Sancte Angele Præses meus,   ora.

Sancte Angele, Defensor meus,   ora.
Sancte Angele, Ductor meus,   ora.
Sancte Angele, Conservátor meus,   ora.
Sancte Angele, Illuminátor meus,   ora.
Agnus Dei, qui tollis peccáta mundi, Parce
    nobis, Dómine.
Agnus Dei, qui tollis peccáta mundi, Exaudi
    nos, Dómine.
Agnus Dei, qui tollis peccáta mundi, Miserére
    nobis.

A LA STATION.

℣. Immitet Angelus Dómini in circúitu timén-
tium eum :

℟. Et erípiet eos.

Orémus.

D Eus, qui in auxílium géneris humáni cœléſtia
fimul & terréna difpenfas : in inferióri mundi
parte laborantes, fupernórum nos, quæfumus,
réfove præſidiis Miniſtrórum ; Per Chriſtum Dóminum noſtrum.

En rentrant au Chœur, l'Antienne de Ste. Aure,
p. 165.

v. Octobre.

SAINTE AURE VIERGE.

ANNUEL. (L. M.)

AU SALUT.

Deo fidélis Aurea
Dum féculo renúntiat,
Regna quærit æthérea,
Jefu fponfo fe fóciat.

   Regum donis Elígius
Sacrátas ædes cónftruit,
Et puellas ad ftríctius
Vitæ genus inftituit.

   Preces, labor contínuus,
Vigíliæ, filéntia,
Flétuum fons írriguus,
Hìc vigent & jejúnia.

   Quam præficit Mater pia
Præcurrébat obféquiis !
Tota ftupet Lutétia
Reverberáta rádiis.

   Quot divérfis è géntibus
Alumnæ facris próperant
Servíre Matris nútibus !
Quot fibi cœlum réferant !

   Ortu viles aut nóbiles,
Quâcumque pompâ fúlgeant
Juffa capefsunt dóciles ;
Unus ardor ut páreant.

TER centum Deo Virginum
Dum mílitant exámina,
Ad ufque vitæ términum
Dux voti præit fœmina.

Omnes monet & próvocat,
Summâ regit concórdiâ;
Spes fidens omnes cónvocat
Ad læta Sponfi præmia.

SED ecce fub fplendéntibus,
Felícem poft intéritum
Aftas, Elígi, véftibus,
Præfectæ fignans óbitum.

Quæ mille votis ánxia
Sponfo frui desíderat,
Diem rapit, & gáudia
Libáre promiffa parat.

PRÆTER triumphi cómites
Dicit vale soróribus,
Divinifque fupérftites
Confolátur fermónibus.

Tuis claram exúviis,
Virgo, ferva Lutétiam;
Et múniens præfidiis
Fac hóftibus impérviam.

AT cunctos inter órdines
Hanc, blanda, turbam réfpice,
Quæ prifcas fequi Virgines
Chrifto contendit áufpice.

Vana contemnens gáudia,
Sub tuis fignis mílitat,
Coronári fac Láureâ
Quæ cœlo te nobílitat. Amen.

Le Verfet & l'Oraifon de Sainte Aure, p. 165.
A la Sainte Vierge, *Inviolata. Domine, falvum.*

IX. Octobre.

SAINT DENIS

ET SES COMPAGNONS MARTYRS.

GRAND-SOLEMNEL. (L. M.)

AU SALUT.

La seconde Antienne de S. Denis ; il faut prendre la Communion de la Messe du jour au grand Livre du Plein-chant orné, ou la Prose.

EXultet Ecclésia ,
Dum triumphat Gállia
Patre Dionysio.

Exultet ubérius
Felici Parísius
Illustris Mártyrio.

DIES festus ágitur
Quo trium recólitur
Mártyrum victória ,

Quorum patrocínio
Tota gaudet régio,
Regni stat poténtia.

JUXTA Patrem pósiti
Bellatóres ínclyti ,
Digni sunt memóriâ.

Sed illum præcipuè
Recólit assiduè
Regális Ecclésia.

Hic à summo Præsule
Directus in Gálliam,
Non gentis incrédulæ
Verétur insániam.

Gallórum Apóstolus
Vénerat Lutétiam,
Quam tenébat súbdolus
Hostis velut própriam.

Hic constrúcto Christi templo,
Verbo docet & exemplo:
Coruscat miráculis.

Turba credit, error cedit,
Fides crescit, & clarescit
Nomen tanti Præsulis.

His audítis, fit insánus
Imperátor inhumánus,
Mittitque Sisinnium.

Qui pastórem animárum,
Fide, vitâ, signis clarum,
Trahat ad supplícium.

Infliguntur seni pœnæ,
Flagra, carcer, & caténæ:
Invíctâ sed constántiâ
Tormenta vincit ómnia.

Recordátus emensórum
Fortis Athléta labórum,
Per nova gaudens prælia,
Æterna quærit præmia.

Immolati vir beátus
Agni carne saginátus,
Et præsenti roborátus
Ad certámen númine.

Quam sermóne prædicávit,
Mille signis quam probávit,
Hanc signáre festinávit
Fuso fidem sánguine.

Prodit Martyr conflictúrus:
Sub secúri stat secúrus:
Ferit lictor;
Sicque victor
Consummátur gládio.

Administri qui sacrórum
Consortes fiunt labórum,
Consecrantur,
Coronantur
Uno tres martyrio.

Tam præclára pássio
Répleat nos gáudio. Amen.

℣. Dóminus dabit voci suæ vocem virtútis:
℟. Date glóriam Deo.

Orémus.

DEus, innocéntiæ restitútor & amátor, dírige
ad te tuórum corda famulórum; ut quos sanctórum Mártyrum Dionysii Sociórumque ejus præ-
dicatióne, de infidelitátis ténebris liberásti, nunquam à tuæ veritátis luce discédant; Per Christum Dóminum nostrum.

Trois fois *Monstra te esse matrem*, ci-dessus, p. 7.
Le Verset *Vultum tuum*, & l'Oraison *Omnipotens.
Domine, salvum*.

I. NOVEMBRE.

LA FÊTE
DE TOUS LES SAINTS
GRAND-SOLEMNEL. (L.M.)

[Lorsque l'usage en sera établi] on fera après
Vêpres l'encensement des Autels, pendant lequel
on chantera dans le Chœur le Répons suivant :

℣. Lætámini, justi, in Dómino ;
℟. Et confitémini memóriæ sanctificatiónis ejus.

Orémus.

OMnium Sanctórum tuórum , quæsumus, Dómine , intercessióne placátus : da famulis tuis , ut in quorum sunt celebritáte devóti , in eórum fiant ætérnâ forte partícipes ; Per Dóminum.

Ensuite on chante *Benedicamus Domino* , puis on commence les Vêpres des Morts.

Lorsque cette Fête tombera le premier Vendredi du mois, les Vêpres des Morts ne se diront qu'à-près le Salut.

A U S A L U T.

Premiere Ant. *O sacrum* , ci-dessus , p. 232.

La seconde est de la Fête ; on prend pour cela l'Offertoire de la Messe du jour , au livre du Plein-chant orné, ou la Prose suivante.

P R O S E.

SPONSA Christi, quæ per orbem
Militat Ecclésia,
Prome cantus, & sacrátos
Dic triumphos cœlitum.

Hæc dies cunctis dicáta,
Mixta cœli gáudiis,
Læta currat, & solemni
Pérsonet melódiâ.

LAUREATUM ducit agmen,
Juncta Mater Filio,
Solaque partu pudórem
Virgo nunquam pérdidit.

Mox sequuntur Angelórum
Administri spíritus,
Siderumque Conditóri
Mille laudes cóncinunt.

His Joannes vate major,
Præco Christi prævius,
Patriarchæ cum Prophétis,
Accinunt dulci melo.

Príncipes sacri senátûs,
Orbis almi júdices,
Sédibus celsis sublímes,
Facta pendunt ómnium.

PRODIGI vitæ, cruóre
Purpuráti Mártyres,
Auspicáti morte vitam,
Pace gaudent pérpeti.

Turba sacra Confitentûm,
Cum Levitis Præsules,
Séculi luxu rejecto,
Perfruuntur glóriâ.

POMPA nuptiális, Agno
Consecrátæ Vírgines,
Líliis, rosísque Sponsum
Æmulantur prósequi.

Omnibus sors hæc beáta,
Glóriam Deo dare,
Et poténtem confitéri,
Terque sanctum dícere.

CŒLITES ô vos beáti,
Quos Deus felícitat,
Súpplicum votis adéste,
Et favéte sínguli.

Hausta fonte liberáli
Dona terris fúndite :
Pace nostris in diébus
Obtinéte pérfrui.

UT Deo cum sanctitáte
Serviámus súbditi,
Glóriæ posthac futúri ;
Quam tenétis cómpotes. Amen.

Le Verset *Lætamini*, & l'Oraison *Omnium*, ci-
dessus, p. 328.

Inviolata. Domine, salvum.

A six heures, Complies du jour; à huit heures,
Matines & Laudes des Morts, sonnées à trois coups
comme aux Enterrements.

II. NOVEMBRE.

LA COMMÉMORATION
DES FIDELES TRÉPASSÉS.

[La Mere-Supérieure officie jusqu'à None inclu-
sivement, ce qu'elle fait aussi à tout autre Office des
Morts.]

L'Office comme au Bréviaire. Avant la Grand'-
Messe , la Procession au Cimetiere , ou sous les
Cloîtres. On se servira des petits Processionnaux
des Morts. La Mere-Supérieure fera l'Aspersion sur
les fosses. En rentrant au Chœur , dès que le Répons
Libera est fini , la premiere Choriste entonne le
De profundis que le Chœur continue. Le reste ,
comme au Processionnal des Morts.

Après la Grand'Messe , il n'y a rien de plus à
chanter.

Si ce jour est un Vendredi , on dit None à la
suite de Sexte , & le S. Sacrement est exposé à midi.
Hors de ce cas , les Nones sont à une heure ; &
c'est à cet Office que se termine la Fête des Morts.

LE IX. NOVEMBRE.

NOus faisons un Service solemnel pour le repos
des ames de tous nos Bienfaiteurs , des Peres, Me-
res & Parents des Sœurs. La veille , après les Vêpres du jour , nous disons celles des Morts , qui sont
terminées par les trois Oraisons suivantes , sous la
même conclusion.

℣. Dómine , exaudi , &c.

Orémus.

DEus indulgentiárum , Dómine , da animábus
famulórum famularumque tuárum , quorum anni-

versárium depositiónis diem commemorámus, refrigérii sedem, quiétis beatitúdinem, & lúminis claritátem.

DEus, véniæ largítor, & humánæ salútis amátor : quæsumus cleméntiam tuam, ut nostræ congregatiónis fratres, propinquos, & benefactóres, qui ex hoc século transiérunt, beátâ Mariâ semper Vírgine intercedente cum ómnibus Sanctis tuis, ad perpétuæ beatitúdinis consórtium perveníre concédas.

FIdélium Deus ómnium cónditor & redemptor, animábus famulórum famularumque tuárum, remissiónem cunctórum, tríbue peccatórum ; ut indulgéntiam quam semper optavérunt piis supplicatiónibus consequantur ; Qui vivis & regnas in sécula seculórum. Amen.

Requiescant in pace. ℟. Amen.

Complies à cinq heures & demie précises ; ensuite on dira les Matines des Morts à trois Nocturnes.

Le Service sera à neuf heures, & précédé à cette même heure de l'Office de Laudes avec les trois Oraisons ci-dessus. Elles seront aussi chantées par le Célébrant, cette Grand-Messe étant Anniversaire. [L. M.] Il n'y a point de représentation à ce Service, on le termine cependant par le petit *Libera*, le *De profundis*, & les trois Oraisons qui sont chantées par la Mere-Supérieure. Si ce quantieme tomboit un Dimanche ou un Vendredi, ce Service seroit remis au premier jour libre, au choix de la Mere-Supérieure.

XXI. NOVEMBRE.

LA FÊTE

DE LA PRÉSENTATION

DE LA SAINTE VIERGE AU TEMPLE.

PETIT-SOLEMNEL. (L. M.)

[*Voyez page 63.*] A neuf heures, il y a une Messe basse, où les Demoiselles Pensionnaires renouvellent solemnellement les vœux de leur Baptême, & leur consécration à la très sainte Vierge. Le Salut est ordinairement en musique.

A U   S A L U T.

Des douze premiers Dimanches du Mois.

Le Répons *Homo quidam* ci-dessus *p.* 250. L'Antienne à la sainte Vierge selon le temps. *Domine, salvum.*

A U   S A L U T

Des douze premiers Vendredis du Mois.

H Y M N E.

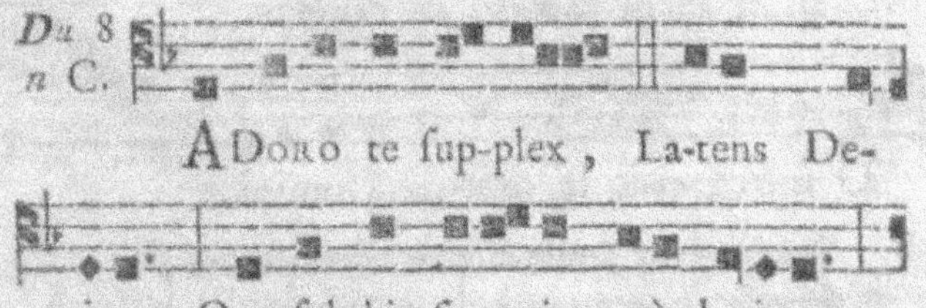

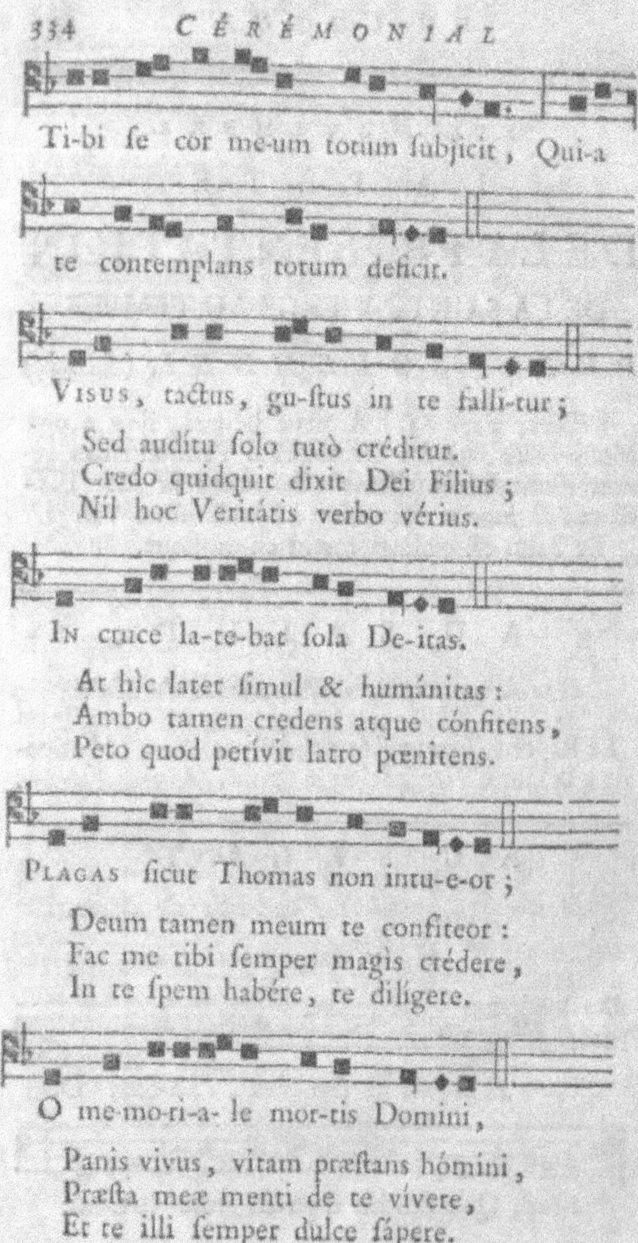

Sed audítu solo tutò créditur.
Credo quidquit dixit Dei Fílius;
Nil hoc Veritátis verbo vérius.

At hìc latet simul & humánitas :
Ambo tamen credens atque cónfitens,
Peto quod petívit latro pœnitens.

Deum tamen meum te confiteor :
Fac me tibi semper magìs crédere,
In te spem habére, te dilígere.

Panis vivus, vitam præstans hómini,
Præsta meæ menti de te vívere,
Et te illi semper dulce sápere.

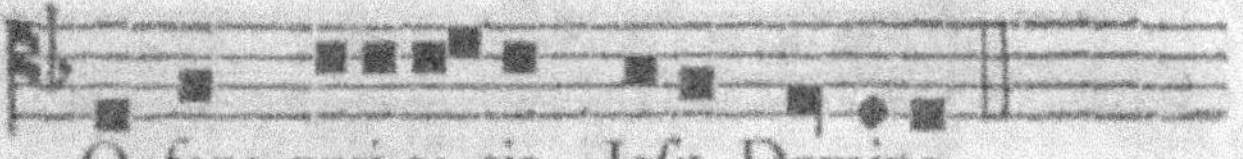

Me immundum munda tuo sánguine,
Cujus una stilla salvum fácere
Totum quit ab omni mundum scélere.

Oro fiat quod tam sítio ;
Ut te revelâtâ cernens fácie,
Visu sim beátus tuæ glóriæ. Amen.

Le Verset & l'Oraison du S. Sacrement, ci-deſſus p. 226.

Mémoire du sacré Cœur de Jesus.

Le Verset & l'Oraison, ci-deſſus p. 237.

A la Ste Vierge, *Inviolata*, p. 226. Le Verset & l'Oraison ſelon le temps.

Ensuite les deux Choristes reprennent la premiere Intonation, jusqu'à la Médiante, & les Chœurs l'achevent.

℣. Fiat manus tua super virum déxteræ tuæ :

℟. Et super Filium hóminis quem confirmasti tibi.

Orémus.

QUæsumus, omnípotens Deus, ut fámulus tuus Rex noster N. qui tuâ miseratióne suscépit regni gubernácula, virtútum étiam ómnium percípiat increménta ; quibus decenter ornátus, vitiórum monstra devitáre, hostes superáre, & ad te, qui via, véritas & vita es, gratiósus váleat perveníre ; Qui vivis & regnas Deus.

L'Amende honorable.

Les seconds & quatriemes Vendredis de chaque Mois :

Dès que le Salut cessera d'être tinté, on chantera les Litanies suivantes.

KYrie, eléison. *bis.*
Christe, eléison. *bis.*
Kyrie, eléison. *bis.*
Jesu, audi nos. *Chœur,* Jesu, exaudi nos.

Pater

Pater de cœlis Deus,   Miserére nobis.
Fili Redemptor mundi Deus,   mis.
Spíritus sancte Deus,   mis.
Sancta Trínitas unus Deus,   mis.
Cor Jesu diviníssimum,   mis.
Cor Jesu amantíssimum,   mis.
Cor Jesu mitíssimum,   mis.
Cor Jesu humíllimum,   mis.
Cor Jesu misericordíssimum,   mis.
Cor Jesu, plenitúdo divinitátis,   mis.
Cor Jesu, Sanctuárium Trinitátis,   mis.
Cor Jesu adorábile,   mis.
Cor Jesu admirábile,   mis.
Cor Jesu, fornax amóris,   mis.
Cor Jesu, miráculum caritátis,   mis.
Cor Jesu, norma sapiéntiæ,   mis.
Cor Jesu, spéculum obediéntiæ,   mis.
Cor Jesu, ómnium exemplar virtútum, mis.
Cor Jesu, fons ómnium gratiárum,   mis.
Cor Jesu láncea transfixum,   mis.
Cor Jesu amóre vulnerátum,   mis.
Cor Jesu, consolátor afflictórum,   mis.
Cor Jesu, refúgium peccatórum,   mis.
Cor Jesu, zelátor animárum,   mis.
Cor Jesu, spes nostra dulcíssima,   mis.
Cor Jesu, cordis nostri gáudium,   mis.
Cor Jesu, vita cordis nostri,   mis.
Cor Jesu, rex cordis nostri,   mis.
Propítius esto, Parce nobis, Jesu.
Propítius esto, Exaudi nos, Jesu.
Ab omni peccáto,   Líbera nos, Jesu.
A supérbia vitæ,   líbera.
Ab inordináto amóre,   líbera.
A cæcitáte cordis,   líbera.
A negléctu inspiratiónum tuárum,   líbera.

* Y

A morte perpétua,   libera nos, Jefu.
Per Cor tuum amantiffimum, Exaudi nos, Jefu.
Per máximum ejus in peccátum ódium,   exaudi.
Per infinitum ejus in Patrem æternum amórem,
    Exaudi nos, Jefu.
Per dulciffimam ejus in fanctiffimam Matrem
    dilectiónem,   exaudi.
Per fummam ejus erga crucem affectum, exaudi.
Per acerbiffimos dolóres ipfíus,   exaudi.
Per æterna ejus gáudia,   Exaudi nos, Jefu.
Agnus Dei, &c.   Parce nobis, Jefu.
Agnus Dei, &c.   Exaudi nos, Jefu.
Agnus Dei, &c.   Miferére nobis, Jefu.
Jefu, audi nos.
Jefu, exaudi nos.

Vers la fin des Litanies, le Célébrant vient
à l'Autel; on chante l'Hymne *Pange, lingua.*
Les Choriftes difent le ℣. *Edent pauperes;* &
le Prêtre dit les Oraifons du faint Sacrement &
du Sacré-Cœur fous la même conclufion. Enfuite on chante le *Sub tuum*, p. 34. Le Verfet
& l'Oraifon d'une des quatre Antiennes majeures felon le temps : puis l'*Amende honorable :* &
après la Bénédiction, le *Laudate.*

P S E A U M E.

LAudate Dominum omnes gentes, * lauda-

te e-um omnes populi.

Quóniam confirmáta eft fuper nos mifericórdia
ejus, * & véritas Dómini manet in æternum.
Glória Patri, &c.

Ce Pseaume est chanté à tous les Saluts où l'Orgue n'est point touché. On ne le chante point aux
Saluts des Prieres de Quarante-Heures, pour des
calamités publiques, ni à ceux des trois jours qui
précedent le Mercredi des Cendres.

Aux troisieme & cinquiéme Vendredis de
chaque Mois :

On chante l'Hymne *Pange, lingua*, l'Ant. *O Cor*
amandum, le *Sub tuum*, &c. ; & le reste comme à
l'ordinaire.

H Y M N E.

    NOBIS datus, nobis natus
Ex intacta Vírgine,
Et in mundo conversátus,
Sparso verbi sémine,
Sui moras incolátûs
Miro clausit órdine.

In suprémæ nocte cœnæ
Recumbens cum frátribus,
Obfervátâ lege plenè
Cibis in legálibus,
Cibum turbæ duodénæ
Se dat fuis mánibus.

VERBUM caro, panem verum,
Verbo carnem efficit:
Fitque fanguis Chrifti merum;
Et fi fenfus déficit,
Ad firmandum cor fincérum
Sola fides fufficit.

TANTUM ergo Sacramentum
Venerémur cérnui:
Et antiquum documentum
Novo cedat rítui;
Præftet fides fupplementum
Sénfuum deféctui.

GENITORI, Genitoque
Laus & jubilátio,
Salus, honor, virtus quoque
Sit & benedíctio:
Procedenti ab utróque
Compar fit laudátio. Amen.

Hymne pour varier à volonté.

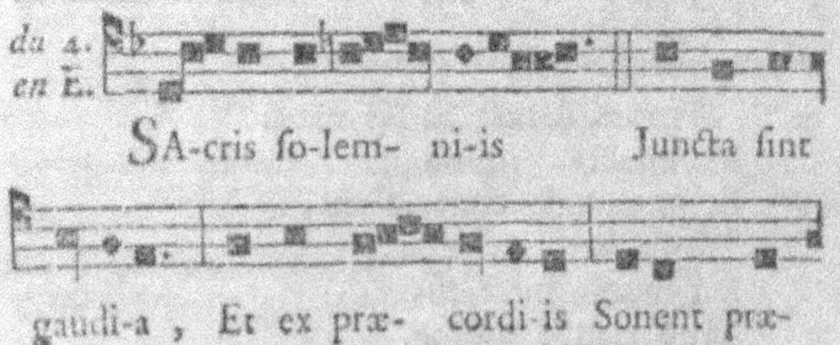

No- ctis re-co- li-tur

Cœna novíssima ,
Quâ Christus créditur
Agnum & ázyma
Dedisse frátribus
Juxta legítima
Priscis indulta pátribus.

Post Agnum ti- pi-cum ,

Explétis épulis ,
Corpus Domínicum
Datum Discípulis ,
Sic totum ómnibus ,
Quod totum síngulis ,
Ejus fatémur mánibus.

De- dit fra-gi- libus

Córporis férculum ,
Dedit & trístibus
Sánguinis póculum ,
Dicens : Accípite
Quod trado vásculum :
Omnes ex eo bíbite.

Y 4

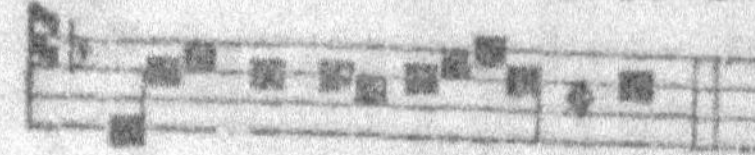

Sic sacri- fi- ci-um.

Istud instituit,
Cujus officium
Committi vóluit
Solis Presbyteris,
Quibus sic cóngruit
Ut sumant, & dent céteris.

Panis Angélicus
Fit panis hóminum :
Dat panis cœlicus
Figúris términum :
O res mirábilis !
Mandúcat Dóminum
Pauper, servus, & húmilis.

Te trina Déitas,
Unaque, póscimus,
Sic nos tu vísita,
Sicut te cólimus :
Per tuas sémitas
Duc nos quò téndimus,
Ad lucem quam inhábitas. Amen.

LES GRANDES ANTIENNES

A la Sainte Vierge.

PENDANT L'AVENT.

℣. Deus in médio ejus :
℟. Non commovébitur.

Orémus.

GRátiam tuam, quæsumus, Dómine, méntibus
nostris infunde : ut qui Angelo nuntiante, Christi
Fílii tui incarnatiónem cognóvimus ; per passiónem ejus & crucem ad resurrectiónis glóriam
perducámur ; Per eumdem Christum.

Depuis Noel , jusqu'à la Purification.

Après l'Antienne Alma, *comme ci-dessus, le*
℣. *& l'Oraison qui suivent.*

℣. Homo natus est in ea :
℟. Et ipse fundávit eam Altíssimus.

Orémus.

DEus, qui salútis æternæ beátæ Maríæ virgini-
táte fœcundá humáno géneri præmia præstiristi :
tribue, quæsumus, ut ipsam pro nobis intercé-
dere sentiámus, per quam merúimus autórem
vitæ suscipere Dóminum nostrum Jesum Christum
Fílium tuum ; Qui tecum vivit & regnat.

Depuis le lendemain de la Présentation de Notre-Seigneur jusqu'au Jeudi-saint exclusivement.

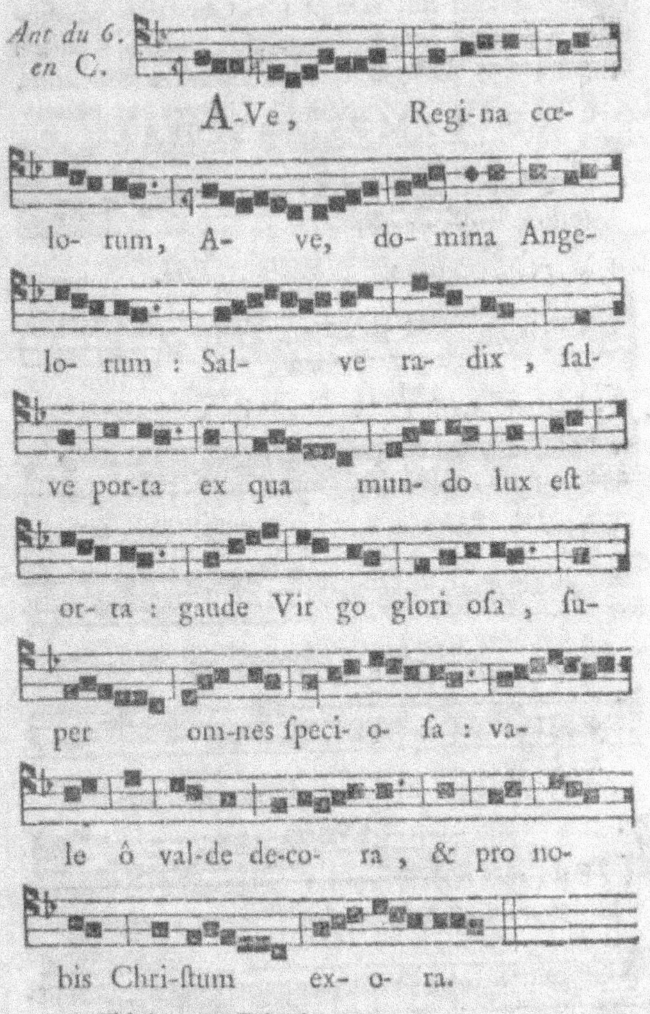

℣. Elégit eam Dóminus,
℟. In habitatiónem sibi.

Orémus.

COncéde, miséricors Deus, fragilitáti nostræ præsidium; ut qui sanctæ Dei Genitrícis memóriam ágimus, intercessiónis ejus auxílio à nostris iniquitátibus resurgámus; Per eumdem Christum.

AU TEMPS PASCHAL.

℣. Circumdedísti me lætítiâ, Dómine,
℟. Ut cantet tibi glória mea.

Orémus.

DEus, qui per resurrectiónem Fílii tui, Dómini noſtri Jeſu Chriſti, mundum lætificáre dignátus es : præſta, quæſumus, ut per ejus Genitrícem Vírginem Maríam, perpétuæ capiámus gáudia vitæ ; Per eumdem Chriſtum.

Depuis la Fête de la ſainte Trinité incluſivement, juſqu'à l'Avent excluſivement.

℣. Vultum tuum deprecabuntur
℟. Omnes dívites plebis.

Orémus.

OMnípotens sempiterne Deus, qui gloriósæ
Vírginis Matris Maríæ corpus & ánimam, ut dignum Fílii tui habitáculum éffici mererétur, Spíritu sancto cooperante, præparásti : da ut cujus
commemoratióne lætámur, ejus piâ intercessióne,
ab instántibus malis & à morte perpétuâ liberémur ; Per eumdem Christum.

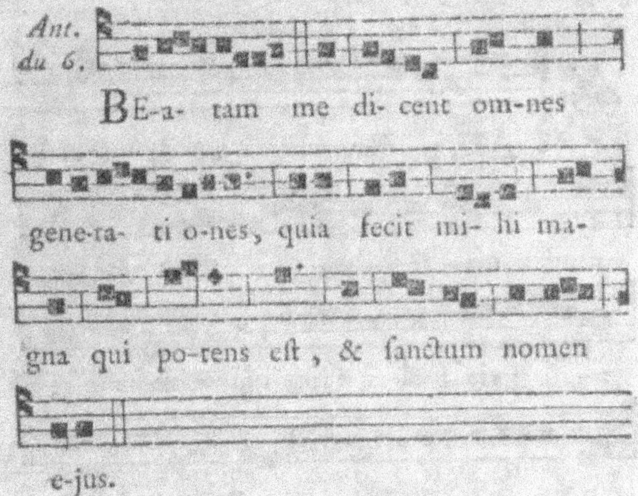

℣. Elégit eam Dominus
℟. In habitatiónem sibi.

Orémus.

COncéde, quæsumus, omnipotens Deus, ut qui beátam Filii tui Genitrícem Vírginem Maríam devoto venerámur afféctu, maternam ipsíus circa nos pietátem sentiámus; Per eumdem Christum.

On trouve à la Table d'autres Antiennes & Répons en l'honneur de la sainte Vierge, auxquels on peut encore avoir recours si l'on veut varier.

AU SALUT.

Pour les différentes nécessités publiques.

Après l'Ant. au S. Sacrement, le Verset & l'Oraison, on chante le Répons propre de la Nécessité. Il est nécessaire de conserver nos anciens Processionnaux qui les contiennent tous, parce qu'on ne trouvera ici que celui des Infirmes; mais l'ordre de tous ces Saluts est le même.

℟.
du 3.
AFfe-re- bant ad Je- sum
omnes ma- lè haben- tes : & cu-
ta- vit mul- tos qui ve-xa-ban-
tur va- ri- is languo- ri-bus ; * Ut
adimpleretur quod di-ctum est per I-sa-
i- am : Ip-se infirmi- ta-tes nostras
acce pit , & ægro-ta-ti-o-nes nostras
por- ta- vit.
BE-a-tus qui intel-ligit super egenum & pau-
perem : * in di-e malâ li-be-rabit eum Dominus.

Dóminus consérvet eum, & vivíficet eum, & beátum fáciat eum in terra, * & non tradat eum in ánimam inimicórum ejus.

Dóminus opem ferat illi super lectum dolóris ejus : * univérsum stratum ejus versásti in infirmitáte ejus.

Ego dixi : Dómine, miserére meí, * sana ánimam meam, quia peccávi tibi.

Inimíci mei dixérunt mala mihi : * Quando moriétur, & períbit nomen ejus ?

Et si ingrediebátur ut vidéret, vana loquebátur : * cor ejus congregávit iniquitátem sibi.

Egrediebátur foràs, * & loquebátur in idipsum.

Advérsùm me susurrábant omnes inimíci mei : * advérsùm me cogitábant mala mihi.

Verbum iníquum constituérunt advérsùm me : * numquid qui dormit, non adjíciet ut resúrgat ?

Etenim homo pacis meæ, in quo sperávi, qui edébat panes meos, * magnificávit super me supplantatiónem.

Tu autem, Dómine, miserére meí, & resúscita me; * & retríbuam eis.

In hoc cognóvi quóniam voluísti me, * quóniam non gaudébit inimícus meus super me.

Me autem propter innocéntiam suscepísti, * & confirmásti me in conspéctu tuo in ætérnum.

Benedíctus Dóminus Deus Israël à século, & usque in séculum : * fiat, fiat.

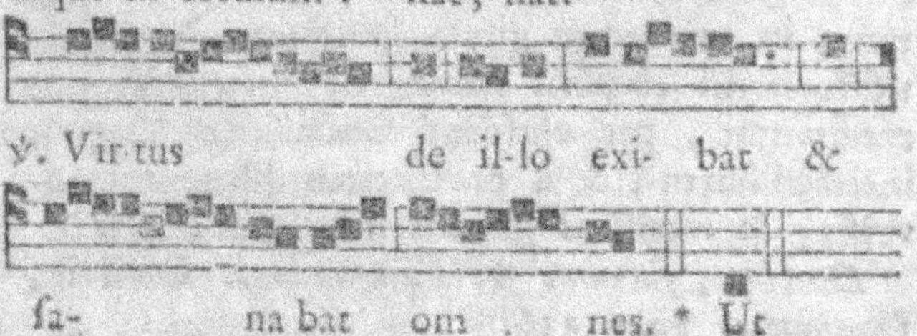

Après la réclamation du Répons, on chante le *Domine, non secundùm*, p. 132. [*On est à genoux, hors le Dimanche & le Temps Paschal.*] Le Verset *Ostende*, & l'Oraison *Deus, qui culpâ*, &c. suivie de celle-ci sous la même conclusion.

OMnipotens, sempiterne Deus, salus æterna credéntium : exaudi nos pro famulis tuis infirmis, pro quibus misericórdiæ tuæ implorámus auxílium ; ut rédditâ sibi sanitáte, gratiárum tibi in Ecclésia tua réferant actiónes ; Per Christum.

nos de morte.

℣. Elégit eam Dóminus
℞. In habitatiónem sibi.

Orémus.

DA, quæsumus, Dómine, pópulo tuo inviolábilem fidei infirmitátem ; ut, qui Unigénitum tuum in .tua tecum glória sempiternum, in veritáte nostri córporis natum de matre Virgine confitentur, per ejusdem sanctíssimæ Virginis intercessiónem, & à præséntibus liberentur advérsis, & mansúris gáudiis inferantur ; Per.

Domine, salvum. ℣. Fiat manus. Oraison, Quæsumus. page 336.

TABLE.

PROPRE DU TEMPS.

*Z

* Z 2

PROSES.

FIN.